New 新視野228
window

實現爆發式成長

關鍵時刻做出正確抉擇的邏輯思考術，學校、科系、工作、伴侶都適用，讓你一生無敵！

粥左羅◎著

高寶書版集團

目錄

第2章　解鎖人生更優解

目錄

第3章　透過現象看本質

第4章　看見和相信共進

目錄

前言

成長有方法，一年抵三年

現今，每個人都必須不斷思考一個問題：「我要如何更快成長？」

也許你會說：「我不想那麼拚命，也不想跟別人比較。我只想做好自己，做個普通人。」

但很抱歉，是否需要更快速的成長，不一定取決於你想與不想。

二〇一九年年末，中國十六歲至五十九歲（含不滿六十周歲）的勞動人口約為八・九六億。不論你身處哪個行業，從業者可能都是數以百萬、數以千萬計。龐大的就業人口數量決定了競爭的激烈性和持續性，我們不可能躲避得了競爭。在這樣的環境中，如果別人都在成長，而你停滯不前，註定會被競爭者們遠遠甩開。

坦白地講，我們大多數人即使拚命成長，也很難抵達金字塔的頂端。我們如此努力，也不過是為了擁有一個普通人該有的體面生活而已。

從二〇一〇年來北京讀書到現在，我已經北漂十年了。在二〇一四年大學畢業時，要過著體面的生活對我來說是非常艱難的一件事。為了能每個月多出幾百元[1]的生活費，在工作的第一年，我主動放棄交社會保險和公積金[2]，只能租三坪多的地下室。

那年夏天，我和女朋友連一顆西瓜都捨不得買，每次在超市只買四分之一個。直到二〇一七年，我的收入提高之後，才租了兩房的住處，終於過了一個普通人該有的體面生活。

物質壓力並不是在都市奮鬥的人特有的焦慮來源，在我老家山東泰安這個鄉下地方，生活成本也越來越高，某些方面比都市還高。

如何實現財富增長，擁有更好的生活？90%的人都應該認真思考這個問題。財富是什麼？財富其實是成長變現的一種體現。變現之於成長，就像市場上產品的價格相對於價值的波動，有時提前，有時落後，但將時間軸稍微拉長來看，兩者總是大抵相當。

成長、讓成長變現，是生在這個社會的你我都需要面對的無比現實的問題。

1 書中未標註幣種的金額即人民幣。
2 公積金：中國大陸勞工基本福利之一，為住房的社會福利金，用於勞工購買、裝修自住房或繳納房租之用。

我文筆一般，沒有什麼情懷，平時在寫作中也常常用白話文去討論這兩個問題。如果非要談情懷，那就是我亟欲分享我一路走來的種種思考模式，用最「接地氣」的方式帶給大家一些關於成長和讓成長變現的啟發。

成長的本質是技能提升，它有方法論，也有規律可循，所以我把成長這門技能的知識「打磨」成了這本書，希望對你能有實際的幫助。

時間一直在流逝，但你不會自動變「牛[3]」

人生所有美好的結果，都不是自然而然發生的，而是靠你刻意「做」出來的。

我有個做滑板品牌的朋友，他的工作室經營好幾年了，一直沒有太大的起色，基本上每個月只能做到收支平衡。從去年開始，他開始兼職創業，找了一份工作，在工作之餘做個人品牌。他的創業團隊很小，只有幾個人，有一天，他過來找我聊天，表示自己

3 牛：中國北京方言，形容人在其所瞭解的領域之中是精英分子。

有一些疑惑，想聽聽我的真實建議。

我非常佩服他對滑板的熱愛以及對創造自我品牌的執著，他總是說：「雖然現在我做得普普通通，但未來大有可為。只要我這樣一直做下去，五到十年之後，這個品牌可能會成為一個很棒的品牌。」

我說：「既然你專程過來，那我就說真話了。聽到你說的那些，我很支持你、佩服你，但從一個外人的角度看，我完全不相信你。你總是說五年、十年後會怎樣，在我看來那都是幻想。」

他問為什麼，我說：「你已經做好幾年了，有多少變化？你總是說五年後會怎樣，那肯定不是第四年的最後一天產生突變的吧？而是透過一年、一年的累積得到的。我問你，你覺得明年會比今年好多少？」

他回答：「感覺明年也不會比今年好多少，畢竟我的時間、人力、資金投入就那些。」

我說：「對啊，時間、人力、資金等等，大多數變數都不會有大改變，那麼你的品牌怎麼可能會突然變得很優秀？你看你現在的淘寶商店，裡面就這麼一點商品，轉化率肯定很低。未來你也無法投入大量資金擴充產品，那麼你的淘寶商店的網路流量也不會有什麼變化，你的生意憑什麼能突然興旺起來？最可能出現的結果肯定是一個月、一個月過去之後，它還是老樣子。」

我們聊了很多，他說自己的確太愛幻想了。

這種現象很常見，比如一個網路編輯，每天按部就班地選文章、排版、回覆留言，並沒有多麼努力且刻意地精進寫作能力，但他可能會覺得：「只要我工作兩年，就可以跳槽找一份高薪工作了。」

比如一個人練吉他，每天就練一下子，根本吃不了苦，一有什麼事情當天就不練了，但他可能會覺得：「再過幾年，我的吉他技術就會變厲害了。」

很多人都會有這種不切實際的幻想——成長會自然發生，然而現實是隨著時間流逝，你還是你，你不會自動變優秀。

你想在未來得到什麼，你就要認真地規劃行動——從今天開始要怎麼一步一步靠近它。

時間會給你答案，如果你不去做，最終時間給你的答案就是：三年過去了，你跟三年前一樣，還是不配得到那個結果。

所以，你要行動。**人生所有美好的結果，都是靠你刻意行動得來的。**

為什麼很多人在一個行業裡工作了三、五年，既沒有實現大幅度加薪的願望，也沒有獲得升職，而是趨於停滯的狀態？因為很多人都在追求自然成長，並且寄望著只要按部就班地努力工作，認為自己工作兩、三年後就能變得很厲害了，這絕對是幻想。

時間帶給你唯一的變化，就是你每天都在變老，其他的變化都需要你靠行動刻意為之。

高手都在刻意成長，成長是一種不自然的「運動」

有一部拳擊題材的電影叫《登峰造擊》，它是第七十七屆奧斯卡金像獎最佳電影，豆瓣評分八．六分，我看過三遍。我非常喜歡裡面一句臺詞：「拳擊是一種不自然的運動，因為拳擊中的每樣東西都是逆向的。你要迎著疼痛而上，而不是像有理智的人那樣躲避。」每一次看這句話，我都覺得它真的很美。

我一直認為，成長也是一種不自然的「運動」，它是違反人性的，你要違反人性去行動，而不是跟隨第一反應去躲避。

下面整理了我從二〇一四年到二〇二〇年刻意成長的路徑。

二〇一四年

那年我大學畢業，留在北京繼續北漂。我在大學時主修體育產業管理，這個科系的畢業生很難找到相同專業的工作。當時，我不知道自己能做好什麼，因為大學期間嘗試開過淘寶商店，為了處理開店失敗而積壓的貨，我擺過地攤，發現擺地攤很賺錢，於是畢業後在不知道做什麼工作的情況下，我繼續在北京的南鑼鼓巷擺地攤。

幾百公尺長的南鑼鼓巷，行人摩肩接踵，這就是巨大的流量。我在那裡賣明信片和郵票，它們雖然看起來不像這個時代的東西，但是很受年輕人的歡迎，我靠著這個生意一個月可以賺兩萬元。

很快的，當地不讓人在南鑼鼓巷擺地攤了，我只好去西單大悅城的服飾店做店員。那是一家極限運動潮牌店，店長是我玩滑板時認識的朋友，這份工作我一做就是八個月，底薪兩千三百元，加上分潤，我一個月的薪水有五千元左右。

二〇一五年至二〇一六年

機緣巧合之下，我認識了一個朋友，他介紹我一份新媒體行業的工作——公眾號[4]小編，這為我打開了一扇新世界的大門。

其實我在大學期間就接觸過微博這個新媒體，那時，在身邊同學只有幾百個「粉絲」的時候，我就有幾千個「粉絲」了，但我根本不知道微博就是所謂的新媒體，也不知道營運微博可以賺錢，所以根本沒當一回事，也沒有繼續做。

二〇一五年八月，我加入了一家創投媒體，做排版、統計資料之類最基礎的編輯工作。我摸索了一段時間，瞭解這個行業中的幾種職業升遷路徑，再結合我個人的優勢特點，幫自己定了條最可能成功的路——做最厲害的、寫作速度最快的熱點[5]寫手。

設定好了目標之後，我就開始執行。一年之後，我已經在創投新媒體圈內小有名氣，寫出許多篇（瀏覽量）10W+的熱門文章。在那時候，這個行業的競爭遠沒有現在激烈，只要你認真研讀一點方法論和傳播學，就能快速推出熱點文章，輕鬆產出10W+的文章，但這件事現在已經不太容易了。

4 公眾號：Wechat 上類似臉書粉絲專頁或是 LINE 探索的功能。
5 熱點：指受到大眾關注的熱門話題。

二〇一七年

大概在二〇一六年年底時，我的月收入已經有兩萬多了，我開始非常努力地尋找我的下一個成長突破點。如果我想獲得更大的成功，就不能這樣繼續寫下去。因為再這樣下去，到最後我還是在販賣勞動，一份時間只能被出售一次，我就算再厲害，一天寫一篇，收入的天花板也是顯而易見的。

那時候我拿到不少 offer，薪水都很高，但大部分公司還是想讓我過去繼續寫熱門文章增加粉絲，但那條路我已經摸到天花板了。我最後選擇了「升級模式」，從自己寫熱門文章、營運公眾號，升級為教別人寫熱門文章、教別人營運公眾號。

於是，在二〇一七年，我加入了一家新媒體培訓公司做內容副總裁，主要負責寫課與講課。那一年，在我個人極度努力和平臺的支持下，從銷售額上來看，我成了新媒體行業的第一講師，在圈子裡有了一席之地。這份工作是我當年 offer 中唯一一個不以寫作、營運公眾號為工作內容的 offer，我做出了正確判斷。

二〇一八年

當時我的年薪是五十萬元，但看不到更大的發展機會。回頭看整個新媒體行業的發展歷程，我得出了一個結論：儘管在二〇一八年，人人都說紅利期已逝，但我仍然有機會。

我拿出了一張紙，認真清點了自己身上所有的「比較優勢」，準確地找到了自己的突破口。二〇一八年三月，我正式辭職，創立公眾號「@粥左羅」，靠著一個人、一臺電腦，開啟了超級個體之路。

二〇一九年

對我個人來說，起步時做一個超級個體是有必要的，等到一年之後初具資源，再開始正式由超級個體的公司轉型。

我在二〇一八年年底聘僱了第一個助理，在二〇一九年年初聘了第二個，到了二〇一九年五月左右，我才認為時機已到，開始真正著手創立團隊。

二〇一九年六月，我的第一個助理文文因為成長飛快，也做出了很大的貢獻，人又極其可靠，成了我的合夥人，負責營運業務，創立了一支很精幹的營運團隊。同時，我花了半年的時間陸續篩選、聘僱、培訓了一支編輯團隊，和我一起製作內容和課程。

這一年，我完成了從超級個體到公司團隊的轉型。

二〇二〇年

我在二〇一九年年末花了一個月時間研究，制定了二〇二〇年的關鍵戰略。我們的自有用戶已初具規模，我們沒有花一分錢買流量，每一個用戶都是因為我們優質的內容訂閱我們的。

因此，二〇二〇年，我們要建立向上生長學院的核心課程體系，完善產品種類，同時並行推廣音頻課程、線上訓練營和實體課程。

截止到二〇二〇年五月，我們已有十五名正式員工，近十名長期兼職人員；公眾號「粥左羅」和「粥左羅的好奇心」共有近百萬粉絲；向上生長學院已經有四門熱門課程和兩個熱門訓練營。預計到二〇二〇年年底，我們將有超過八門音頻課程和五個訓練營，將完成核心課程體系的架構。

二〇一九年，我們團隊完成了兩倍的年收入增長；

二〇二〇年，我們會突破千萬年收入；

二〇二一年，我們會有更大的想像力。

以上就是對我過去六年多成長路徑的簡單梳理。你會發現，我平均每年都會讓自己升級一次、疊代[6]一次。這樣的成長與疊代速度絕對不是自然而然發生的，絕對不是靠按部就班地努力就可以實現的，它一定是刻意經營、刻意規劃的結果。

快速成長的背後，都有一套方法論支撐

有人經常問我，你為什麼總是能在短短一年內就完成一次大幅度升級？其實從我的角度來看，如果你能有意識的以天為單位，逼迫自己刻意成長，**一年一點都不短，它足足有三百六十五天之久，三百六十五天可以做很多、很多事。**

但如果你不這樣逼迫自己成長，一年確實很短，因為你無非是在按部就班把一天重複了三百六十五次而已，你的成長不會有實質性的飛躍。

6 疊代：作者的定義為：你想去山頂，但你不可能一步登頂，於是你需要無數步，每一步都可以被稱為一次疊代，每一次疊代得到的結果會作為下一次疊代的初始值，每一次疊代都是為了逼近目標。

學會成長再成長，個人爆發式成長是有一套模型的

投資人李笑來有句話：「學習學習再學習」，這句話並不是一個詞簡單重複三遍而已，而是指**先學習如何學習，再拚命學習**。

我也有一句話：「學會成長再成長」，即——**先學會如何成長，再拚命成長**。成長並非你有意願就可以做到的，它就像任何一門技能，我們應該遵循科學的訓練方法去獲得這門技能。如果你沒有訓練方法，成長就會事倍功半，很多努力是無效的；如果你有訓練方法，就會事半功倍，每一份努力都有實際性的效果。

前文講述了我的刻意成長之路，我成長的每一步背後都有大量的方法依據、決策依據、經營方式支撐，其中大多數並不像表面上看起來那麼簡單。為了更好地理解成長，我把成長這門學問彙整成了這本書。

在當今社會，成長是每個人的人生關鍵字。你還在等待成長自然發生嗎？

高手都在刻意成長，只有掌握成長的方法與要領，你才能掌握未來的人生。成長的本質是一種技能，它有一套行之有效的方法，也有規律可循。

人人都知道規劃個人成長是一件極其重要的事，但很少有人會真的抽出大量時間來

研究和規劃。為什麼呢？因為這一直是一件重要但不緊急的事。我們每日陷於繁忙的工作和生活之中，忙得無法空出時間成長，這是成長最隱蔽的殺手。

這一次，我希望你能借助這本書真正行動，抽出一小部分的時間，全面性地掌握一套成長方法論，先學會成長，再規劃成長，最後持續行動。

這本書將從五大部分、二十五個思維模型開始，講述爆發式成長的法則，幫助你更快、更好地向上生長，把握人生。

希望你在學會成長的同時，也能擁有更加美好的人生。

第1章
解題之前，先選對題

人生是一場解題之旅，
縱然你的解題能力很強，
也常常因為選錯了要解的題，
而喪失很多發展機會。

第一節——篩選思維：隨意選擇的人生，不值得一過

人生是一場解題之旅，讀書、戀愛、工作、結婚、買房……你解開一道道難題，會讓你的人生越來越好，不過解題之前，還有關鍵一步——選題。

人生基本上就是選題和解題兩件事：先選題，再解題。最好的人生當然是在每一個關鍵點上既選對題，又解好題。如果你只是解題高手，卻不是選題高手，那就可惜了，因為人生最大的痛苦就是你解對了題，但選錯了題，而且你還不知道自己選錯了題。正如人生最大的遺憾就是，不是你不行，而是你本來就可以。

所以，在本書的一開始，我們先講如何選對題。

先選對題，再解好題，這就是《孫子兵法》所說的「勝兵先勝而後求戰[7]」。

7　勝兵先勝而後求戰：勝利的軍隊總是先創造獲勝的條件，而後才尋求與敵人決戰的機會。

我們先來回答一個問題：「人生最重要的是什麼？」

我認為是做選擇。

人的一生其實是由無數個選擇所構成的。大的選擇比如去哪個地方念書、選什麼科系、和誰結婚、在哪個地方安家、進入哪個行業、追隨什麼樣的老闆、與什麼樣的人深交等等；小的選擇比如我今天看哪本書、聽哪門課、要不要參加某個活動、是否與某個人聚餐、買哪個品牌的電腦等等。

大的選擇，小的選擇，你無時無刻都在做選擇，所以你應該意識到，選擇水準不同的人，哪怕起點差不多，最終的人生高度也會是截然不同的。**會做選擇的人，在人生這場「選擇馬拉松」中，會一步一步甩開大多數人。**

多數人都在過一種隨意選擇的人生

我的標題為什麼用「篩選思維」，卻不用「選擇思維」？其實，選擇更近似於「決策動作」，比如下面這種情況：

你說：「我選擇去A公司上班。」

我問：「你是從幾間公司裡面去選擇的？」

你說：「沒有、沒有。我從上一間公司離職之後，好朋友內部推薦我來這間公司面試。我覺得還不錯，就選擇加入這間公司。」

這就是大多數人所謂的「選擇」。

寫這本書的這段時間，我的公司也在徵人。面試時，我都會指著履歷上的工作經歷詢問面試者：「你當初為什麼選擇加入這家公司？」

毫不誇張，絕大多數人的理由都很荒誕，比如：剛好我有同學在這家公司，朋友推薦我來；爸媽在北京，所以我畢業後就過來了；剛好看到這家公司在徵人……

有時候我都會忍不住，直接問面試者：「你不覺得你在選擇工作時，過於隨意了嗎？」這就是我為什麼要講篩選思維——**沒有篩選，就談不上選擇**。

什麼叫篩選？我去搜尋了這個詞的基本含義，有兩個：

一、利用篩子進行選種、選礦等。

二、泛指透過淘汰的方法挑選，比如經過多年的雜交試驗，選出優質且高產量的西瓜新品種。

因此，篩選意味著你首先得有足夠多的「備選」，否則就談不上選擇。

之所以說多數人的選擇都是隨意選擇，就是因為他們的選擇都不是從足夠多的備選中「篩」出來的，他們大多是碰到什麼就選擇什麼，我稱之為「佛系選擇」。

比如：

- 滑社群動態時，隨便點開一篇標題吸睛的文章就開始看。
- 晚上想看一部電影，打開APP，隨便選了一部就開始看。
- 週末沒事，想看看書，隨手拿了一本書就讀了一整個下午。
- 想要透過學習來提升自己，於是就隨便買了幾門線上課程開始上課。
- 要換工作了，隨便面試了兩家公司，覺得差不多就到職了。
- 到適婚年齡了，隨便選了一個差不多的人就成家了。

這些選擇的後果是什麼？

你現在工作時所流的淚，都是當初選公司時腦子進的水；

你現在婚姻不幸福，都是因為當初選對象時太隨意；

你現在讀書時覺得腦袋不靈光，都是因為當初選科系時沒有用腦。

隨意選擇的人生，不值得一過。

選擇的代價：凡有選擇，必有放棄

為什麼做選擇時必須經過篩選？因為**選擇是有代價的，任何選擇都有成本**。不過跟多數人想的不同，它最主要的成本不是時間成本，更不是金錢成本，而是機會成本，因為凡有選擇，必有放棄。

你選擇加入這間公司工作三年，等於這三年你放棄了其他公司帶給你的各種可能性；

你選擇跟這個人結婚並共度餘生，等於這輩子你放棄了其他人跟你在一起的機會；

你選擇跟A平臺獨家合作，等於你放棄了其他所有平臺能給你的資源；

你選擇今天晚上看這部電影，等於你放棄了其他電影影響你的可能性。

我很久以前就想寫這本書了，很開心終於寫了，因為每每想到隨意選擇的代價，我就很抓狂，比如我寫完上面這幾行字，還是忍不住想問：為什麼很多人在很多至關重要的選擇上態度那麼隨意呢？

如果有人不在乎自己這輩子會活成什麼樣子，那他無論怎樣選擇都無所謂。如果有人僅僅是因為沒有足夠好的「篩選思維」才這樣，那我希望這些人都能透過閱讀本書真正受益，因為這本書就是寫給這些人的。

選擇具有唯一性、排他性、不可逆性，因為時光不能倒流，經歷不能收回。「選擇」的這種特性要求你：**你做的每一個選擇，都應該是你能選擇的最好的那一個，你所放棄的都不如你所選擇的。**

凡事提高標準，是跑贏人生的關鍵

如何選擇？只要你心中永遠有一種「標準意識」即可。

選擇即取捨，之所以很多人在「取什麼，捨什麼」這方面很隨意，遇到什麼就選什麼，其中很大一部分原因就是他們「沒有標準」。因此，具備篩選思維的前提就是——凡事提高標準。

判斷大多數事情的好壞是有標準的，比如在選擇看哪一部電影時，你要提高標準，你可以先從網路評分九分以上的開始看，然後再看八分以上的，你可以先從滿足你設定標準的清單裡篩選。

我實在沒辦法理解那些隨便打開一部電影就開始看的人，要知道，自電影誕生以來，拍出來的好片你一輩子都沒機會看完，你怎麼能把時間用在看爛片上呢？

比如在選擇看什麼書的時候，你要提高標準，要看評分、看評價、看作者背景、看出版社。只需要五分鐘，你就能判斷這本書值不值得讀，但很多人不會這樣做，書架上不知道擺了多少爛書。

要知道，讀爛書不僅無益，還有害！試想你的精神世界若是由一堆爛書所構成的，不覺得可怕嗎？

比如在選擇聽哪一門課時，你要提高標準，要看有多少人買過這門課程，看評價如何，看授課老師過去的作品怎麼樣，看他是真有實力還是只會行銷自己、包裝自己，老師的人品怎麼樣也至關重要。

有時候，你看這個老師的課程介紹與大綱就知道如何選擇了，那種過度承諾、誇大效用、不夠真誠、充斥著教人一夜致富氣息的課，你就不要選它了。

比如在選擇加入哪一間公司時，你要提高標準。你一定要明白，你的職業生涯黃金時間就只有二十年，這二十年裡，你換工作的機會可能只有十次左右，每一次的選擇都很重要。

每一次換工作時，你千萬不要隨便選一個朋友推薦的、爸媽希望你去的、多給幾千元薪水的、離家近的、工作輕鬆的、更穩定的……別這麼隨便。

這個行業怎麼樣、公司在業界的排名如何、老闆怎麼樣、公司近幾年的發展等等，這些資訊你都要知道並瞭解，何況找這些資訊並不難。

比如在選擇伴侶時，你更要提高標準。選擇與誰共度一生，幾乎是一生中最重要的選擇，這個選擇可以改寫一個人的命運，所以，你在做其他選擇時都可以偷懶，但在做這個選擇時，千萬不要隨便。

記住一句話：不適合就是不適合，真正適合的人，不會讓你有半點糾結。

看完這些場景，你就能明白，**凡事提高標準，是跑贏人生的關鍵。**

所以，在做任何選擇時，都應該把標準定得高一點，比如多和優秀的人深交，多和可靠的同事走得近一點，多和你欽佩的人吃飯，多篩選一些更好的臉書粉絲專頁、IG帳號、公眾號關注，多聽一些值得信賴的老師的課，多讀一點好書，多隱藏一些滿是負能量的人的動態等等。

我的合夥人在聘僱營運人員時，有一個應徵者條件不太符合，但非常想做這份工作，而且他跟我的合夥人認識，有過幾個月的合作，所以合夥人就猶豫、糾結了，說

「其實他差不多也可以」。

我就說：「**差不多，就是差很多。**如果每一個『差不多的人』我們都要，最後我們就會組起一個『差不多的團隊』，那是你想要的結果嗎？所以，請提高你的標準。」

講到這裡，不得不說，認真做選擇是一件麻煩的事，但花在做選擇上的時間永遠都是值得的。比如徵人時找了一個各方面都勉強及格的人，找的時候簡單，但找進來之後麻煩不斷；而徵人時認真篩選一個適合的人，找的時候是麻煩，但找進來後就讓人放心許多了。

比如換工作，隨便選一家公司是很輕鬆，但這種輕鬆帶來的是後面一、兩年的煎熬。

比如找對象，如果你隨便找個人將就過生活，那麼往後的日子可能都得將就著過。

別說自己沒得選，你永遠都有得選

電影《無間道》裡有一句經典臺詞：「以前我沒得選，現在我想做一個好人。」這句話裡有一個詞叫「沒得選」，很多人在聊到很多選擇時，也會說：「我沒得選」。

我學歷不高，沒得選，我只能做這種工作；

我家境不好，沒得選，我只能早點結婚生子；

雖然這些兼職沒有任何含金量，但我沒得選，因為我要賺錢養小孩；

雖然我不想考研究所，但沒得選，因為我爸媽一直逼我；

雖然那家公司對我的成長更有利，但我沒得選，因為這家公司薪水比那家多一倍，我要租房子、要在北京活下去啊。

你有沒有發現，**大多數人在說自己沒得選的時候，其實是在給自己找藉口。**為什麼呢？

一、所謂選擇，就是在你能做的選擇裡篩選

很多人說，「牛人」才有機會做選擇。

其實不是，百度、阿里巴巴、騰訊的高階主管有他們的備選，其中總有更好的；小公司的普通員工也有自己的備選，其中也總有更好的；月薪五萬元的人可以有很多選擇，月薪五千元的人也會有很多選擇。

二、人在任何時候、在任何事上都是有選擇的

有選擇的人永遠覺得有選擇，沒有選擇的人永遠覺得沒有選擇，希望你是前一種。

北漂的前兩年，為了做喜歡的工作，我甘願住在地下室，我後來賺到了錢卻沒有選擇買房，而是選擇了創業。

三、不做選擇也是眾多選擇中的一種

有些事情是你註定無法避免的，選擇正是如此。你沒有去篩選更多公司去面試時，其實你也做了選擇，你選擇了隨遇而安；你沒有選擇試著改變時，其實你選擇了維持現狀；你沒有選擇嘗試盡力做到極致時，其實你選擇了接受平庸。

很多人可能會不記得自己做過什麼重要的選擇，就好像自己從未做過選擇一樣。其實不是，人不可能不做選擇，只是你在選擇時沒有思考、沒有篩選，以為這樣就可以逃避，但其實這也是選擇，而且是最糟糕的選擇。

只要稍微認真一點，做出的選擇就會更好。

希望看完這一節後，你開始培養篩選意識，凡事提高標準，這樣你就能選擇一個更優解，而且選擇時一定不要怕麻煩，越是至關重要的選擇，越需要我們付出時間和精

力，但這些付出也是值得的。

隨意選擇的人生，不值得一過。

思考

升級思維的目的是改變行動。

請你反思一下，在過去的歲月裡，有哪些至關重要的選擇是你本來可以做得更好，但你沒有做到的？

請你再思考一下，在未來的歲月裡，有哪些至關重要的選擇是需要你認真做的？

在平時的工作或生活中，篩選思維對你有哪些實際的幫助？

第二節——賽點思維：小機會隨便錯過，大機會死命抓住

我們已經理解了篩選思維，凡事有選擇，處處有選擇，一個人應該在各方面提高選擇的標準，這樣會有很大的機率讓每一個選擇都是自己所能做出的最好那一個，讓自己在不斷做正確選擇的幫助下跑贏人生。接下來，我們介紹如何抓住人生中每個關乎終局的選擇，也就是抓住那些賽點式的機會。

何為賽點？賽點這個詞是我從體育比賽中看到的，指的是比賽進入關鍵節點。此時只要拿到賽點，抓住決勝機會，戰勝對手，你就能笑到最後，人生又何嘗不是如此？有所成就的人，並非一路走來都一帆風順，更非時時刻刻有機會，很多人在成功之前跟普通人並無兩樣，有些人的境況可能比普通人糟得多，但這些人的厲害之處在於，當出現賽點時，他們會死死地抓住，鯉魚躍龍門。

電影《哪吒之魔童降世》導演餃子二十二歲時放棄學了三年的藥學院，轉行學電腦

動畫，立志做出優秀的中國國產漫畫作品。在此後十餘年中，他始終沒有等到機會。直到二〇一五年，光線傳媒旗下的動畫公司找到他時，他才等來了那個機會。

他死死抓住了那個機會，咬牙堅持近三年拍出《哪吒之魔童降世》，直接「逆天改命」，而且不是小改，而是大改——《哪吒之魔童降世》票房超過五十億元，餃子直接從默默無聞的導演成為中國電影票房排行第二的影片導演，這一步邁得有多大，可想而知。

人生不需要時時有機會，抓住幾個足矣。

當機會來的時候，你一定要咬著牙對自己說：「賽點來了！賽點來了！」

小機會隨便錯過，大機會死命抓住

我今天當然算不上成功，但鑒於我的起點之低，能走到今天，也算小小地改變了整個家庭的未來，我的故事或許能給你一些啟發。

我生在鄉下農村，父母都是農民。在個人前途發展上，我幾乎得不到任何優勢。

我唯一擁有的優勢機會，就是高考[8]。

什麼叫死命抓住機會？當時，我讀的高中是我們這裡最差的，升學率極低，低到都市的孩子無法想像。我讀書的時候，六個文組班幾乎每年在高考中都會「全軍覆沒」，能考上文組科系的學生一個都沒有。

那年我考上了，考了全校文組第一。在別人看來，這還不趕快擺上酒席慶祝，然後去讀大學，然而我沒有，我放棄了。

如果高考是我唯一的槓桿，我能把自己「蹺」到哪裡？這一桿是會深深影響到我的一生的，因此我決心重新「蹺」一下。

那年夏天，我一個人坐著客運去了省城濟南，找了一家複讀機構[9]。一年之後，我重新參加高考，考了六百二十一分，這個成績可以把我「蹺」出省外了。

我選擇了北京體育大學，對我來說，去哪所大學、讀什麼科系並不重要，重要的是我能從山東農村一腳邁到北京。

二〇一九年高考後，一個親戚的孩子說想複讀，因為他高考時沒有表現得很好。我

8 高考：普通高等學校招生全國統一考試，類似於臺灣指考。

9 複讀機構：有老師專門針對大考重點教授以及輔導學生，大部分需住宿，類似重考班或是集中訓練營。

問他怎麼回事，他說考英語時不小心睡著了。我雖然沒特別說什麼，但我想他即使複讀也無濟於事。

很多人根本沒有分寸感，不知道人生中哪些事情是大事。

我平時也是一個吊兒郎當的人，但只要抓住機會，我會認真拚命。越是在決戰的時刻，我狀態越好。我高考考了兩年，在第一次高考之前，我從來沒考過學校第一，基本上都是在第十名左右，第一次高考直接考到全校第一，取得了我整個高中時代最好的成績。複讀那年，在各種模擬考試中，我幾乎考不到六百分，第二次高考考了六百二十一分，取得了我複讀那年最好的成績。

很多平時成績好的人，一到決戰的時候各種「落漆」，要麼緊張，要麼失常。我絕對不允許自己那樣，快要決戰時，我有各種方式讓自己進入最佳狀態。

當年英語考試前一天晚上，很多同學聊天、狂歡，我一言不發，早早睡覺。第二天一大早，大家還在睡覺時我就起床了，出門找了一個安靜的角落，把從英語週報上剪下來的閱讀理解文章、作文範例認認真真地讀了幾次，直到快要進考場的時候，我才把東西收好，趕到考場。

我這麼做，是為了在開始寫題目之前培養最佳語感，把那種心流狀態無縫銜接到考場之中。成績出來後，我英語考了一百三十六分，在整場高考中，我就保持著這種狀態，每一個科目都表現得很好，這是我人生中的第一個大機會。

之後好幾年，我的人生又進入了灰色狀態。以我的家庭背景、成長背景，我在大學裡和很多鄉下來的孩子一樣沒有存在感，畢業後沒什麼好的工作機會，人生沒有方向……我擺過地攤，當過服務人員，但我從來沒有想過要離開北京，因為我要在這裡等下一個機會，等一個在鄉下沒有的機會。

二〇一五年，我闖入新媒體行業，自那一腳邁進這一行起，新媒體這個槓桿一「蹺」把我「蹺」到了今天，讓我有了自己的公司，那是我人生中第二個大機會。

很多人會問我這些問題：你當時在做服飾店店員，怎麼會進得了專業媒體？你憑什麼能通過面試？還是那個原則——**小機會隨便錯過，大機會死命抓住**。

二〇一五年八月的某天，我回學校擺地攤時遇到一個朋友。在聊天過程中，他建議我嘗試一下新媒體的工作，後來我和他以及當時「創業邦」的一位編輯吃了一頓飯。

飯桌上，那位編輯問了我一些問題，覺得我這人不錯，說可以推薦我去面試，但不能保證我會被錄取，因為我沒有任何的經驗，也沒有任何相關的背景。

我當時想，拚了命也要抓住這個機會。面試前，我從百度百科、知乎[10]、微博等平臺查詢資料，又向許多朋友打聽，全面瞭解這家公司，整理了很多資料，還經常在家自問自答，排練面試過程。

謝天謝地，更感謝自己的努力準備，這次面試十分順利。但在最後一輪的面試中，面試官還是留了一份作業：「如果你來營運『創業邦』公眾號，你會怎麼做？」

我完全理解主管的用意，因為要相信一個服飾店店員能做好新媒體的工作，確實需要一些勇氣和魄力。

但我也在想，我能做些什麼，才能讓他相信我的能力？那時我已經畢業一年，還住地下室。之後的三天，我把自己關在地下室裡，讀了創業服務平臺創業邦及其競品36氪、自由創作平臺虎嗅的幾百篇文章，分析選題、標題、點閱數、按讚數、評論數等，又學了很多新媒體營運相關的實用性內容，最後以PPT簡報的形式做了一份八十八頁的營運報告，並把它交給了面試官。當時做簡報的技能也是現學的，我在淘寶上買了許岑[11]的課。

10 知乎：社群知識分享平臺，可以在平臺上提各種疑問，通常是網友提供答案。

11 許岑：中國網路紅人，以販售PPT、Keynote、彈吉他等線上課程出名。

將簡報傳給面試官那晚，我還發了一則朋友圈[12]，那天是二〇一五年八月十四日星期五。因為這份簡報，我抓住了「那個機會」，八月十七日入職了創業邦，從公眾號小編做起，月薪五千元。

很多人說機會很重要，但是**很多機會不是從天上掉下來的，而是拚命努力搶來的**。比如我抓住這個當小編的機會，其實換作與我背景相同的其他人，只付出一般的努力，多半是無法抓住的。

我在培訓平臺插座學院時應徵過新媒體編輯。我當時認為，只要你願意在這行發展，我就一定有能力可以把你帶得好。很多人投履歷，想抓住這個機會，但說實話，那些應徵者中，90%以上的人都沒有認真準備過。

抓到一條「大魚」後，千萬別輕易放手

12 朋友圈：微信社群功能，類似 LINE 的貼文串。

「每隔十年，烏雲將籠罩經濟的天空，這個時候也會驟降一場黃金雨（機會），當這種事情發生時，你必須扛著浴缸衝出去，而不是帶著一支湯匙。」這句話不是我說的，是巴菲特說的。

波克夏．海瑟威控股公司的副董事長查理．芒格說：「去掉前幾個最精闢的投資，巴菲特什麼都不是。」

這句話是什麼意思呢？翻譯成白話就是，巴菲特的巨額財富，其實是為數不多的幾條「大魚」幫他賺到的。水深浪急，抓到「大魚」後，千萬別輕易放手。

一九七六年，巴菲特抓到了一條「大魚」——如今的美國第二大汽車保險公司GEICO。他陸續買入這家公司的股票，直到佔有GEICO近百分之五十的股份。對大部分人來說，這足夠了，但對巴菲特來說，不夠。他一直盯著這條「大魚」。

一九九五年，巴菲特提出以二十三億美元的價格收購剩下將近百分之五十的股份，這個價格幾乎相當於前一半股份價格的五十倍，人們以為巴菲特不會在如此高位買進，用五十倍的價格加倉，這太瘋狂了，但巴菲特出手了。後來他大獲全勝，GEICO使波克夏．海瑟威公司的內在價值增加了五百多億美元。

巴菲特曾說，在他四十年的職業生涯裡，只有十二個投資決策，使他擁有了現在的地位，買入GEICO的股份應該是其中最重要的一個。GEICO是巴菲特的「初戀」，更是他一生的「好運」。很多人並不知道，這是巴菲特跌過跟頭後的補救，他更早之前就抓過GEICO這條「大魚」，只不過很快就放了牠。

一九五一年，巴菲特還是「價值投資之父」班傑明．葛拉漢的學生時，用自己的大部分資產——約一萬美元買進GEICO。第二年，巴菲特賺了將近五千美元，他開心地全部賣到了。二十年後，這些股票的市值竟高達了一百三十萬美元，比他買進時翻了一百三十倍。

這給了巴菲特非常大的教訓，他說：「絕對不能賣出一家顯而易見是卓越公司的股票。」而這句話的意思就是——抓到一條「大魚」後，千萬別輕易放手。

有人說，這些事離我們這些普通人太遠了。不，現實中同樣如此。

我當年加入創投媒體創業邦，營運商業公眾號，其實這對每一個進入該行業的小編來說都是抓到了一條「大魚」，但很明顯，大多數人都沒有珍惜這條「大魚」。

我當時非常清楚，在這樣的公眾號上推播文章，一天有三次的推播機會，寫得好的文章很容易實現10W+，而且幾乎沒人會左右你的選題。

我心想，我每發一篇文章都有可能會被十萬多個人看到，哪還有這麼的好機會！於是我拚命地寫，不分上、下班，不分工作日和休息日。

這無關乎薪水，因為這樣的「大魚」讓你碰到了，你卻不拚命抓住，簡直是暴殄天物。只想著賺薪水和準時上、下班就太傻了。

我就這樣把自己「寫」出名，當時有那麼多同事，但沒人像我這麼做，甚至幾年過去了，很多人仍不懂那是一個什麼樣的機會。

從入職創業邦到今天已有五年，我現在在做什麼？

我不讓自己休息，不讓自己享受。到今天，我依舊保持高強度的「寫好文章、寫有價值的課程、寫好書」的工作節奏，為什麼呢？因為我抓到了這條「大魚」，我又怎麼能小富即安、賺點廣告費就算了呢？這絕不可以。

我雖然賺到了錢，但無心研究買房、買車。我勇敢投資自己，租了更大的辦公室，求才創立團隊，繼續騎在這條「大魚」背上，讓牠帶我走得更遠。

我絕不能說：「差不多了！」我不會輕易放手，因為這樣的機會並不多見。

我可能有幸、有機會藉此走上一條更廣闊的路，我絕不能現在停下來慶祝勝利。

要將「關鍵節點不犯錯」變成處事原則

請問，如何才能在賽點到來時抓住那條「大魚」？

抱歉，如果你平時是個糊塗的人，那麼賽點來了，你還是個容易犯糊塗的人。只有**把「關鍵節點不犯錯」的思維放在平時做事時就體現，讓它變成你的處事原則，你才能「每逢大魚接得住」**。

我的書《大人的11堂寫作課：實現讓生活、工作都成功的複利人生》[13]出版後，有朋友買了一百本做活動。結果文章的題目中，「粥左羅」寫成了「粥佐羅」，這是個很嚴重的錯誤。說這個錯誤嚴重，不是說這個錯誤本身很嚴重，而是說在如此關鍵的節點上是不應該犯錯的。

我的公眾號文章中幾乎每一篇都有錯別字，但你看過我在標題裡寫過錯別字嗎？絕對不會。我的同事知道，推播文章之前，我會兩眼盯著題目，用手指著，一個字、一個字地讀出來，確認題目沒有任何錯誤。

13 簡體中文版原書名為《學會寫作：自我進階的高效方法》，為中國人民郵電出版社出版，繁體中文版為今周刊出版。

我見過很多百萬、千萬粉絲公眾號經常在關鍵節點上犯低級錯誤，比如文章發布後發現推播的是昨天的內容；設置定時推播後又改了很多內容，結果最後推播的還是之前的版本；推播文案寫的是讓用戶點文章中的連結購買產品，結果卻沒放連結……

在生活、工作中，我們難免犯錯、馬虎或者偷懶，其實都沒問題，只要你在關鍵節點上做好就可以。

關鍵節點上，不可偷懶

我有個做自媒體工作的好友，他猶豫了很久，終於決定做知識星球的付費社群。結果他看到大家「618[14]」都在做活動，自己也想趕快發一篇文案，於是用了一小時就把文案寫好並推播出去了。

他雖然沒犯錯，但肯定是在關鍵節點上偷懶了。你的產品定位、價格區間、價格策略、文案寫作、推廣計畫等等，都應該是經過非常認真的準備後才推出來的。很多人沒準備好就直接發出來了，結果就是自己坑自己。

14 618：每年六月十八日是購物網站京東的週年慶，後演變為電商一年一度促銷活動的節日。

二〇一七年是我的職業黃金年。那一年，我的課程推廣文案遍布各大自媒體平臺，累計閱讀數超過六千萬，銷售額超過一千萬元。從銷售額這個資料上看，我都算是新媒體行業的第一講師，是我們平臺很多老師課程銷售額加起來的總和。

為什麼是我？

我注意到了一個關鍵節點。當時，公司拿出很多錢，組成專門的推廣組推課給老師。錢怎麼花呢？當時公司會算每次推廣的「推廣係數」，即一次投放的收入除以一次投放的成本所得的數值。

哪一門課的推廣係數高，公司就大力推廣哪一門課程。這裡面有一個關鍵節點——推廣文案的品質。我死命抓著這一點，不停「打磨」自己的文案，力求把轉化效果做到最好，後來證明，推廣組最喜歡推的就是我的課。

很多老師在推廣課程時，別說推廣文案寫得好不好了，到了推播日期，他們的文案還沒寫好呢。而我不僅寫好了，還每個月寫出新版文案，這樣，上個月投過的，下個月還能用新文案再投一次。

很多老師認認真真地準備了三、五十節課，把產品準備好就以為萬事大吉了，就在推廣文案這種關鍵節點上偷懶。他們經常在付出推廣費的同時，給對方帳號一篇很差的推廣文案，這種做法無異於讓推廣費打水漂。

所以，在平時的工作或為人處世中，你要樹立一個原則：**不管做什麼事，做之前得先明確知道，影響這件事成敗的關鍵節點是哪幾個**，然後，你永遠都不應該將你的時間、精力、心力均分在每一個節點上，永遠要把它們投入關鍵節點，因為關鍵節點決定成敗。

慢慢地，這種處事原則會成為一種本能反應。當你遇到人生中的「大魚」時，你不會熟視無睹，你會敏銳地發現它，並大聲告訴自己「賽點來了」，然後死死地抓住它。手裡沒好牌的人，更要拚命抓住每一個大機會。

思考

升級思維的目的是改變行動。

請你梳理一下，在目前的工作中，你的主要任務是什麼？完成主要任務的關鍵節點是什麼？你是否經常這樣分析自己的工作？

同時反思一下，你過去是否抓到過「大魚」，卻傻傻地放手了？

第三節——戰略思維：學會放棄，做「無情」的優先排序者

我們前面講過，凡有選擇，必有放棄。戰略思維中比較核心的兩點就是放棄和排序，意思分別是**透過放棄找到最核心的選擇，透過排序找到推進一件事的最佳順序**。

為什麼要有戰略思維？在中國廣為人知的加多寶，它最初的定位是藥用保健產品，年銷售額不到一億元。後來加多寶進行戰略調整，放棄藥用保健產品的定位，將定位改為解決上火問題的產品，從而進入大眾消費市場，其年銷售額猛增至幾百億元。

如果加多寶戰略不變，那麼光靠激勵銷售員的方法，也許可以讓銷售額從一億元變成兩億元；靠改善配送效率的方法，也許可以讓銷售額從兩億元變成三億元；靠併購同等規模競爭對手的方法，也許可以讓銷售額從三億元變成五億元。

這些方法看起來都很有效，但從銷售額增長量來看，這些方法都沒有讓企業實現實質性的跨越。只有改變定位，最佳化戰略，加多寶才能讓銷售額從一億元變成幾百億

元，才能實現量的巨變和根本性的跨越。

對於一家企業來說，任何執行環節的改良都不如戰略環節的改良來得重要。一個好戰略能夠產生強大的槓桿效應，其力量會超過任何會計師、廣告人、銷售員所能貢獻的最大力量，它能讓你實現倍數增長，甚至指數增長，幫你更快、更好地達成目的，大大增加成功的機率，企業發展如此，個人發展亦是如此。

中國約有百分之九十的人月薪不過萬。假設你月薪五千元，如果更認真工作，一個月可能多賺一千元；如果加班，一個月可能多賺一千元；如果跳槽，可能再多一千元。你會發現上面這些做法不會給你帶來質的變化，你的月薪可能只能從五千元漲到一萬元，不能年入幾十萬元甚至上百萬元。

要想發生實質的跨越，還是得靠戰略設計能力。

設計戰略時要能夠「無情」地放棄

第九十一屆奧斯卡金像獎最佳紀錄片《赤手登峰》於二〇一九年九月在中國上映。

我看完之後發了一則朋友圈，配文只有兩個字「無情」，這是我對主角亞歷克斯最大的感受。

許多以徒手攀岩為事業的人，命都不長。在幾百公尺高的岩壁上，攀岩者沒有任何保護設施，只有一副肉身，哪怕是再微小的失手，都意味著死亡。完美或者死亡，每一次徒手攀岩的結局只能是其中一種，可是這樣的人卻有愛人。

女朋友不斷問他：「難道你不覺得有責任為了我活得更久嗎？」亞歷克斯對女友說：「我不會為了你而盡量延長自己的生命，我不覺得自己有這個義務。」

一個人在「得」的時候，你無法看清他，只有在他面臨「捨」的時候，你才能真正認識他。人這一輩子，就是一個得到的過程。但是想得到的太多、太多，最終能得到的必然很少。一些真正能大「得」的人都是「無情」的，對於你不敢放棄的、你不捨得放棄的，他們都敢，也都捨得放棄。

有一個創業者叫陳睿，二〇一〇年作為金山網路（現獵豹移動）聯合創辦人跟隨後來的獵豹移動董事長傅盛創業。二〇一四年五月八日，獵豹移動在美國紐約證券交易所正式上市。但在獵豹上市前，陳睿離開了，加入bilibili（簡稱B站）創業，按照當時獵豹的股價，他因為早走了幾個月，至少放棄了一億元。

決定離開時，傅盛問他：「這麼急嗎？馬上要上市了。」

陳睿說了一個字：「嗯。」

後來他解釋：「我退出獵豹去做B站絕對不是出於經濟上的考量。我算清楚了，我只有一種預感——我如果不去做這件事，我會後悔一輩子。B站可能是這輩子我能遇到最適合我的事。有時候你只能先捨再取，這是一個最簡單的道理，人這輩子只能要一個東西。」

然後呢？B站在二〇一八年上市，如今市值超過八十億美元，陳睿是B站的董事長兼執行長。

上面講的算是人生中的大捨大得。普通人在職業的選擇上呢？你夠「無情」嗎？敢放棄那些常人會不捨的東西嗎？

我世代（九〇後）自媒體人、前百度公司副總裁李叫獸讀研一時收到一個年薪三百萬元的 offer。這對於一個沒有工作經驗的研究生來說，是很有誘惑力的，但李叫獸花了五分鐘就拒絕了。

我得知他這段經歷時很震驚，心想：「一個年輕人得有多大的定力，才能抵擋得住如此誘惑？」後來我才明白，這就是遵循個人發展戰略的結果。

當一個人放棄了某些東西時，他一定是在戰略上找到了更優解。我們外人看，他是經得起誘惑，但他自己知道，這麼做其實是為了未來獲得更大的發展。

李叫獸是如何做戰略定位分析的？

戰略定位分析的第一步就是放棄。

選擇的背面是放棄，選擇了A，往往意味著你不能選擇B、C、D。從戰略角度思考，他認為這份工作無法讓自己發揮最大的競爭優勢。

他為什麼選擇在自媒體這個方向上突破？因為他發現，人要成功，必須建立人際網路，而建立人際網路大概有兩種方式：

一、不斷地與人交流，建立情感。

二、透過知識或能力的吸引，讓別人想要認識我。

李叫獸分析，第一種方式是他所不擅長的，因為他不善社交。

在戰略上，有一個很重要的原則是「揚長避短」。於是，他開始做自媒體，寫大量有深度的商業分析文章，放棄無意義的社交，專注於在知識領域的創造，持續放大自己在這方面的優勢，甚至達到別人無法企及的高度。

事實證明，這種戰略是成功的。透過一週一篇的行銷精華，他在公眾號上有了五十萬名粉絲，在行銷圈打造了強大的個人品牌。最終，他擁有的人際網路和資源，遠遠超過那些社交能力比他強的人。二〇一六年年底，李叫獸創辦的公司被百度估值一億元收購，二十五歲的他，成為百度最年輕的副總裁。

培養戰略思維的第一步，就是學會放棄。不管是人生還是事業，你不可能什麼都要。大捨，是為了大得。

設計戰略時要做無情的優先排序者

培養戰略思維的第一步是放棄，第二步呢？答案是排序。

為什麼要排序？

一是因為你的精力有限，不可能事事都做到完美。

二是因為並非事事都會決定成敗，所以你也沒必要事事做到完美。

所以，先排序，再做事。

創業後，我最大的一個感受就是：太忙了！時間永遠不夠用！

有一天我突然想，我現在只是管理一個十人團隊就這麼忙，是不是不太正常？我也沒做多大的事業啊？所以，我就去研究，研究完，我在牆上貼了一張紙，上面寫了一句話：「巴菲特都比你有時間」。

每當我特別忙的時候，我都這樣提醒自己，反思自己是不是被繁忙的工作「殺死」了。而巴菲特是如何不被繁忙的工作「殺死」的？因為他選擇做無情的優先排序者。

你可以透過以下三個步驟做優先排序：

一、寫下你的二十五個目標。

二、認真排序，選出你最想、迫切想要實現的前五個目標。

三、不惜一切代價，避免在後面二十個目標上耗費精力，除非你已經成功完成前五個目標。

有很多人從來沒做過這樣的排序，所以日積月累地做著無關緊要的工作。還有一些人做過排序，但是在執行第三步驟時卻做得很差。他們雖然知道自己最重要的目標是什麼，但總是忍不住做那些次要的事。

二〇一九年三月，我想實施戰略轉型，從營運一個自媒體帳號轉型經營一家以「內容＋教育」為核心的公司。所以，我要將「一個人＋一個助理」變成一個團隊。

有一天，我發現我組織團隊的速度比較慢，為什麼呢？

我每天需要寫稿子、寫分享、寫課程內容，我還要聽課、看書、與他人交流學習。寫完一篇稿子，發出來後獲得很高的點閱數，我會很開心；做一次分享，很多人來聽，我會很開心；寫課程內容很重要，所以我得把握時間寫。

聽課與看書都是必須做的啊，人不學習就不能成長啊……每一件事都吸引著我去做，我真的會忍不住去做，於是我發現了，我正走在一條繁忙但「必死無疑」的路上。我用巴菲特的方法反思自己，把一件事的優先順序排在第一位，這件事就是——求才。

當寫稿子和寫求才文案有時間上的衝突時，我選擇寫求才文案；當寫課程內容和篩選履歷有時間衝突時，我選擇篩選履歷；當聽課、看書、學習和面試有時間衝突時，我選擇面試，所以我很快便組成了一個超過十人的團隊。當然，我現在管理的團隊還是一個小團隊，但在做了戰略排序後，我跟過去的自己相比，確實進步了很多。

巴菲特從他的日程表上劃掉了幾乎所有執行長都必須完成的任務：

- 他幾乎不與分析師交談

- 他很少接受媒體採訪
- 他幾乎不參加商業活動
- 他幾乎不出差，除非特別必要
- 他幾乎不像典型的執行長那樣參加很多內部會議

任何時候，我們都應該做一個優先排序者。我有兩個寫作訓練營，每次開訓練營直播，我都會分享，我有時候會告訴大家，最近有新電影上映，非常好看，但你不要去看；最近有一本書非常好，但你不要去看；週末有朋友約你去吃飯，有社交活動是挺不錯的，但你最好別去；你之前買的好課應該要上完，但最好先不要聽了；你其他的學習計畫，最好先暫停一下……

為什麼呢？我認為，以上這些事情都值得做，但一個人的精力有限，訓練營中的成員必須有所放棄，才能在這一期訓練營裡得到最快的成長。

而任何時候，都有一堆事誘惑你去做。

比如，在《大人的11堂寫作課：實現讓生活、工作都成功的複利人生》出版後，有人邀請我去微信群分享，有讀書會邀請我去分享，有企業會邀請我去演講，有抖音營運人員邀請我拍一些關於書的短片等等。

其實對於每一件事，對方都能說出一個對我有利的利益點，所以我很容易就會答應，但其實做不做某件事，要看性價比。

性價比怎麼看？答案是比較，比較在這個階段，在同樣的時間內，是不是有更重要的事等著你做。所以，我無情地推掉了很多分享活動。

我創業後發現，你事業越成功，越多人要找你：有空約吃飯聊聊嗎？能不能去你的公司拜訪一下？我們之間有機會合作嗎？**如果你不會做「優先排序＋Say No」，你就會「死」於繁忙。**

我希望優先排序這一個戰略思維能始終貫穿在我們的做事過程中，讓我們避免忙忙碌碌卻碌碌無為。

頂級的戰略，就是不斷升級戰略

先學會放棄，再學會排序，這是培養戰略思維最重要的兩點。不過，還有超級重要的第三點——不斷升級戰略。這也是戰略的本身，甚至是頂級的戰略，升級戰略才是真的重視戰略，把戰略工作放在了足夠高的位置上。

制定好一個戰略，然後一勞永逸地執行，是最大的懶惰。公司的創辦人一定要有戰略，但即使有了戰略，創辦人也要繼續天天想戰略。

競爭對手在疊代，行業競爭格局在變化，產業技術在更新，經濟週期在發揮作用，你怎麼能一勞永逸地使用同樣的戰略呢？

同樣是內容行業，百度以搜尋戰略起家，但其實之後公眾號依託的是社交戰略，依託微信的去中心化社交分發，再往後今日頭條崛起了，它的戰略又不一樣了，靠的是中心化的平臺演算法推薦。

一個人的一生也是一部創業史，每個人都是自己這家公司的創辦人，也需要疊代自己的成長戰略。如果不能持續疊代，人只能獲得短時間的成長，不能持續成長。

我進入這個行業後，個人發展戰略一直在疊代。

二〇一六年，我立志做一個熱門文章編輯，能持續寫出10W+的文章。

二〇一七年，我立志做一個熱門課程講師，做出熱門課程，多去前五百強的企業演講。

二〇一八年，我立志轉型做自媒體，實現從零到一的跨越。

二〇一九年，我立志創立一家公司，從一個人開始到建立團隊。二〇二〇年，我立志架構向上生長學院的課程體系，真正做一家個人成長學院。

在我所在的位置上，我每年都算做得不錯，但如果不及時升級戰略，我必定會沉浸在當下的喜悅中，不能持續發展、持續成長。

談到戰略，必然會有人想到執行。一經比較，一定又會冒出那個問題——戰略和執行力哪個更重要？

以前我也總是想不透，因為再好的戰略，若沒有好的執行，結果都等於零。後來我看了傅盛的分享，改變了這種想法。

傅盛的意思大概是，一旦你認為兩者同樣重要，就會願意多花時間在執行上，因為絕大多數的人執行力超強，於是他們會在執行力上花越來越多的時間，但很快，他們又開始在選擇方向上犯糊塗，最可怕的是，他們可能在一個不正確的方向上花了太多精力。

戰略和執行的關係應該是什麼樣子的？

我認為，**戰略方向要浪費，戰術執行要節約**。

因為戰略如此重要，所以你要花很多時間去思考方向，即使放棄了一個研究完的方向也沒關係，因為值得；即使研究了很多方向，最終捨棄了很多，也沒關係，因為也值得，這叫「戰略方向要浪費」。

執行，意味著只做對的事情，不允許浪費，設計戰略的意義就是不讓「執行」浪費太多資源。任何時候，資源永遠稀缺，一旦確認一個破局點，就不要有任何猶豫，要把所有資源（尤其是自己的資源）投入破局點，想盡所有辦法，努力到無能為力，把戰略變成現實。

思考

升級思維的目的是改變行動。

看完這節內容，停下來想想，自己是不是在戰略上花的時間太少了，以至於一直忙忙碌碌卻始終碌碌無為？

你可以拿一張紙，規劃未來三、五年你對自己的期待是什麼？要實現這些期待，做事的戰略排序應該是什麼？要把更多的時間花在哪裡？哪些是你接下來要放棄的？

第四節——借勢思維：框架大於勤奮，所有成長均需借勢

一個人就算能力再強，力量還是小，所以在做選擇時一定要學會借勢。位置決定命運，你要把自己放在擁有巨大能量的位置上，借勢而起。

一提到借勢，我就想到那句話：「站在風口上，豬也能飛起來。」這句話出自小米創辦人雷軍，他花了四十年來領悟這句話。

二〇〇九年十二月十六日晚上，北京燕山酒店對面的酒廊咖啡廳裡，雷軍喊朋友來喝酒，畢勝、黎萬強、李學凌等金山舊部和朋友都在。

當晚，雷軍在傷感、挫敗和矛盾的情緒中度過，一邊唏噓不已，一邊一瓶接一瓶地灌下啤酒。一群人越喝越多，直到十一點半，雷軍才開口說，今天是他的四十歲生日。聚會臨近結束，大家對他說，四十歲了，發表一下感言。

雷軍留下一句：「要順勢而為，不要逆勢而動。」

雷軍為什麼要這麼說？他算是個天才，少年得志，出名很早，一九九八年，他已是金山公司總經理。那時候，騰訊創辦人馬化騰剛註冊公司，馬雲還沒創立阿里巴巴，劉強東還在中關村擺攤，轉眼十年過去了，他反倒成了那個落後的那個。

雷軍曾經是個內心非常驕傲的人，他覺得自己是隻雄鷹，不需要依賴風，不論自己做什麼，隨時隨地都可以成功。經歷過失落後，他意識到了風的重要性，他提出「飛豬理論」，就是為了時刻提醒自己：依靠個人能力，我只能達到這個點，如果想大成，就需要借助機會和環境。

所以，雷軍才告訴獵豹移動創辦人傅盛：「**一個人要做成一件事情，其實本質上不在於你有多強，而在於你要順勢而為，於萬仞之上推千鈞之石。**」

一個人的一生，框架大於勤奮

張穎，二〇〇八年年初創立投資管理公司經緯中國。十餘年過去了，經緯中國投資的公司超過四百三十家，成功投出社交 APP 陌陌、二手車交易平臺瓜子二手車、外送平臺餓了麼、租車平臺滴滴、共享單車平臺 ofo 小黃車、線上英語教學平臺 VIPKID 等眾多明星創業公司。

張穎的事業獲得巨大成功，本人也早已實現財務自由。他靠的是什麼？

張穎的原話是：「我三十到四十歲這個階段的彎道超車，還是要感謝中國經濟飛騰帶來的大背景機會、老天爺的恩賜，後面才是自己的慢熱和成長。」

投資人最懂框架。你要先選擇一個正在崛起的大經濟體，再選一個勢頭正好的賽道，投它的成長週期。中國正處於經濟騰飛階段，這就是一個大框架，網際網路、移動電話網路在中國的崛起是大框架中的重要賽道，你知道把自己的事業放在那個賽道裡，就已經贏過那些麻木的人了。

所以，張穎在二〇一九年下半年的某一天說：「一些一線龍頭基金在二〇一九年極其保守，有幾家龍頭基金至今才有一到三個新專案，我也是跌破眼鏡般吃驚。之前拍胸脯說的聚焦中國，怎麼那麼快就縮手縮腳了呢？中美貿易摩擦是常態，創業投資進入深水區已是事實，但這又怎樣呢？那麼大的中國市場、人口基數，那麼多拚命、勤奮的創業群體，只要把投資收益作為長遠一點的目標，不聚焦中國還能聚焦哪裡？真搞笑。經緯適合做什麼、能持續做好什麼、應該聚焦哪裡，我們想得非常清楚。大風與否，我們都在。『子彈』不斷，投資不斷，看好中國，聚焦中國。」

在每個人的職業選擇中，最重要的也是框架。如果你在一個下行的行業做一個勤奮的人，就會事倍功半；而如果你在一個上升的行業，即使是一個沒有那麼勤奮的人，也能事半功倍。

前摩拜單車創辦人胡瑋煒是八〇後青年，二〇〇四年，他畢業於浙江大學城市學院（之前是一家普通大學的獨立學院），此後做了十年汽車記者，先後供職於每日經濟新聞、新京報、期刊雜誌《商業價值》、科技網路平臺極客公園等。

胡瑋煒第一份記者工作的月薪只有三千元，除去房租和日常開銷便所剩無幾。當時傳統媒體已經開始走下坡路，他做了十年，月薪也才剛過萬。二〇一五年，胡瑋煒創立摩拜單車公司，二〇一八年，美團[15]以二十七億美元的作價全資收購摩拜。

這裡有一個很明顯的對比：

二〇〇四年到二〇一四年，十年月薪過萬；

二〇一五年到二〇一八年，三年財富自由。

---

15 美團：以本地產品與零售服務為主的平臺，後來擴大領域，提供購買票券、旅遊住宿訂房等服務。

其中發生了什麼變化？胡瑋煒更加拚命地工作了嗎？無論他怎麼拚，一天也沒辦法超過二十四個小時吧？他也不可能在二〇一四年發生「基因突變」，變成天才吧？

其實，這種變化說難很難，說簡單也很簡單。一個人的發展，取決於他對這個時代點、線、面、體的機會判斷和選擇，即把自己放在什麼樣的框架裡。

二〇〇四年到二〇一四年的這十年裡，胡瑋煒把自己放在一個傳統且發展緩慢的框架之中，從二〇一五年開始，他把自己放在一個時代風口的框架裡，千億規模的投資機構都成了他上升框架的組成部分。

一個人的出身，也是框架。唯出身論是耍流氓，無視出身更是耍流氓，正視出身才是正確的做法，相信機率論才是正確的做法。因此，看清自己命運的局限性，是為了減少不必要的焦慮和痛苦，轉而在合理的範圍內尋求突破。

你說某位成功人士三十歲前還默默無聞，三十歲後突然飛黃騰達，你覺得你也可以。可能有的人前三十年的經歷就註定他會在三十歲後爆發，有的人前三十年的經歷可能註定他在三十歲後差不多還是那樣。**人生是各種因素長年累月影響疊加的結果，人本質上不會突變，所有突變本質上都是漸變。**

一個人的一生，框架大於勤奮。怎麼在合理的範圍內突破自己？

答案當然是盡最大的努力去改善、優化那個框架。

所謂借勢，就是全面框架最佳化

所有成長，均需借勢；所謂借勢，就是全面框架最佳化。

一、城市框架最佳化，借城市資源的勢

縱觀歷史發展，城市化是必然，城市化是資源最高效利用的必然要求。盡你最大的可能跑到相對最大的城市，這是框架最佳化。

一輛能開時速兩百公里的車，在泥坑爛路上一樣跑不起來。我在人生的前二十年做的最正確的決定就是來北京讀書，其次是畢業後決定留在北京，我把個人發展放在了北京這個資源框架上，就已經比絕大多數同齡人更有優勢。

二、職業框架最佳化，借產業發展的勢

二〇一八年九月二十六日，海底撈上市，又一批人實現了財務自由，其中包括CFO苟軼群，他是當時海底撈所有高階主管中學歷最高的男人。他之前是教會計的老師，本來沒有現在這樣的機會。

他是怎麼加入海底撈的呢？海底撈剛進駐西安時，他去幫忙算帳賺外快，結果卻被海底撈吸引，直接從學校辭職，加入了海底撈。海底撈上市時他持股百分之一．八四，這是什麼概念？海底撈今天是千億市值。

你說這算框架最佳化嗎？對有些人來說就算。體制內的職業很好、很穩定，讓人有安全感，但是如果你想獲得突破性的成長，體制外的職業可能更適合你。

科技進步的速度越來越快，各行各業迭代速度很快，曾經那種一份工作做一輩子的想法靠不住了，這代年輕人可能平均兩年就會換一份工作。在換工作的時候，你要看是否需要職業框架最佳化，職業框架最佳化最重要的就是選對行業。

這幾年，好幾波產業紅利讓很多年輕人實現了「逆襲」，微博一波、公眾號一波、直播一波、短影片一波、知識付費一波……我自己在二〇一五年進入新媒體行業，就是一直在借內容行業一波一波迭代的勢。

三、選對公司也是框架最佳化，借公司資源的勢

選公司分兩種：

第一種是選處在行業前列的公司，你在那裡的努力，結果都會被放大。我去的第一家公司是行業排名前五的創投新媒體，我寫的文章就算再差，也有兩、三萬的瀏覽量，努力一把就有10W+，這就是借公司資源的勢。

第二種就是選暫時還未走在行業前列，但正在快速發展的公司。

我二〇一七年春節辭職後，有一家業界有名的線上教育公司創辦人親自到我家附近請我吃飯，想請我去他們公司。

我說我想自己創業，他列舉了我加入他們後可以得到的種種發展機會，但我提出一個很尖銳的問題，我說：「你們公司有三個聯合創辦人，你們三個是公司的核心。你們一起把公司做起來，很難讓第四個人成為公司的核心，對嗎？實際上也是，好幾年過去了，你們一定也遇到了很多『牛人』，但公司的核心還是你們三個人。這說明，即使我進去了，也很難進入核心位置，對嗎？」

要在已經打下來的江山中分你一塊地，這不是不可能，但真的好難。加入一個好團隊，一起打江山，一起分田地，也是很好的選擇。我和我的團隊創業時雖然年齡很小，

但成長很快，我最初的助理一直表現很好，所以後來變成了我的合夥人。

四、跟對老闆也是框架最佳化，借老闆扶持的勢

海底撈上市時，跟創辦人一起敲鐘的，還有個叫楊麗娟的人。他是海底撈的首席營運總監，海底撈上市後，他身價達到幾十億，實現了財務自由。

楊麗娟是跟著張勇從服務人員開始做起來的。他的最初條件，大抵上決定了他得從餐廳服務人員這樣的基層人員做起，選擇不多。雖然他只能做服務人員，但他也不是沒得選，他可以追隨更好的老闆。

一旦認定一個老闆值得跟，就跟住不放。一個人的發展，總是要借勢才行，跟對老闆也是框架最佳化的一個途徑。

有人說：「千里馬常有，而伯樂不常有。」

我說：「千里馬跑得快，自己跑，找伯樂。」

什麼意思呢？意思就是，**伯樂不是自己送上門來的，而需要你主動尋找**。現在這個老闆不是伯樂也沒關係，你要繼續找，老闆可以「優化」你，你也可以「優化」老闆。

五、社交框架最佳化，借圈子的勢

你的出身決定了你的前二十年，你的圈子決定了你的後半生。什麼是圈子？圈子就是你的社交框架，決定了你跟什麼人在一起。對於線下的圈子，你能做的就是最佳化，即斷捨離。具體來說，就是少跟不可靠的人深交，少跟不上進的人混，少跟沒抱負的朋友聚餐。

你生活在那樣的環境裡，所以線下圈子很難澈底改變。如果線下的圈子很糟糕，你該怎麼辦？我建議你選擇線上的社交圈。如今是行動社交時代，這是時代的優勢，線上有很多優秀的圈子，你可以加入並與這些圈子建立連結，進而與這些圈子裡優秀的人建立連結。

我自己做了一個社群，目的就是線上最佳化大家的圈子，很多鄉下的朋友可以加入這個圈子，與行業中最優秀的人一起學習和進步。

一切能讓你汲取養分的，你都可以借勢

古希臘哲學家阿基米德說過：「給我一個支點，我就可以撐起整個地球。」

這也是借勢。一個會借勢的人，會十倍、百倍、千倍、萬倍地增強自己的力量；真正優秀的人，會從一切能汲取養分的人身上借勢。因為不管你想借某家公司、某個平臺還是某個資源的勢，它背後都站著一個人。你與這個人搞好關係，就撬動了這個人擁有的資源。

你可以借別人的什麼勢呢？

一、別人的知識

最好的進步方式，是站在巨人的肩膀上進步。你可以利用別人的知識，透過購買課程、買書、請客討教、花錢諮詢等方式，將他們的知識為自己所用。

二、別人的資源

一個人的能力有限，能做的事情、能利用的資源也是有限的，所以我們得學會從他人那裡借用各種資源，將這些資源為己所用。

比如你想創業，卻沒有資金，那麼你可以去找投資人；比如你在公司上班，那麼可以讓老闆願意提供購買課程以及買書的管道，像我們公司，員工無論買多少書都可以報銷。

比如很多人比較聰明，經常在社群問：「請問有人認識×××嗎?求介紹，紅包奉上。」

比如你去一個城市與朋友見面，就可以請朋友介紹他在當地的朋友給你認識，我發現現在比較流行這種做法，因為經常有人跟我說，你來的時候跟我說，我們一起吃頓飯，我給你介紹幾個大咖。

三、別人的經驗

你也許很聰明，但有些事你沒經歷過，所以對於很多事情，最好的應對方式是找有經驗的人學一下。成功的經驗可以供我們參考，幫助我們更快地實現目標；失敗的經驗可以給我們教訓，避免我們踩一些不必要的坑。

在做事時，自身經驗往往是不夠用的，我們需要借助他人的經驗。比如巴菲特的搭檔查理·芒格就經常基於他人的經驗為自己列「錯誤清單」，來防止自己做出「愚蠢的決定」。

框架大於勤奮。**人的成長離不開環境，所謂借勢，就是不斷改善、最佳化自己的框架。**

你生在一個地方，不意味著你必須一生在此；你父母是誰已是註定，但和什麼樣的人同行，你可以持續改善。三百六十行，你可以自由選擇在哪一行發展，選擇一行之後也不意味著你不能選擇其他行業；你現在所在的公司不好，主管能力不佳，同事不友好，都沒什麼好抱怨的，你可以換，世上公司千千萬；身處環境不好改善，你還可以選擇線上的……一切能讓你汲取養分的，你都可以借勢。**只有不斷改變自己的人生要素框架，讓框架越來越好，你的努力才能更好地發揮效用。**

思考

升級思維的目的是改變行動。

看完這節內容，思考一下，接下來你可以最佳化的框架有哪些？你準備怎麼做？

第五節——原動力思維：你學得了別人的勤奮，學不了別人的動機

前幾章的內容基本上都圍繞著選擇，不同人在面對同一件事時，做出的選擇可能截然不同。這背後就是一個人的原動力，原動力就是最強的驅動力。

我看過媒體採訪B站創辦人陳睿的一篇文章，有一段話讓我印象深刻。

二〇一三年，陳睿還是獵豹的合夥人，跟傅盛一起創業。有一天他們在廬山開會，陳睿跟傅盛說：「我突然覺得，我的成就不在於我做的產品有多少用戶在使用，而是有人願意為我的產品鼓掌，即使我做的產品只有一個用戶為我鼓掌，我也覺得我的努力沒有白費。」

陳睿說，他在成就感方面跟傅盛不一樣。傅盛喜歡贏，勝利能讓他非常開心，但陳睿沒那麼喜歡贏。想明白自己最終想要什麼後，陳睿離開獵豹，去B站了。

人和人是非常不同的，這一節的內容圍繞著「人和人為何不同」來深入探討。

你為什麼無法持續努力

雷軍曾經是一名程式設計師，他說：「我有雜念，而真正一流的程式設計師是沒有雜念的。我曾經連續七十二小時不睡覺寫程式，但這有什麼了不起呢？別人也可以在麻將桌上打三天三夜不下來，最難的是早上八點開始打牌，打到十二點，下午一點再開始打，打到下午五點，這樣堅持一年。」

什麼意思呢？意思是拚命、死命地工作三天，百分之九十的人都能做到；拚命做一年，只有百分之十的人能做到。

為什麼你無法持續努力？因為你沒有自我驅動力。

我的公司合夥人文文最初在我的星球社群裡寫分享，他有一天的分享開頭是：「剛剛寫完一則分享文，發現按讚數太少了，有點小失落啊。怎麼辦呢？我再寫一則唄！」

我一看這個開頭就很開心，覺得我沒選錯人。這樣的人一旦發現自己在某件事上不夠優秀，就會覺得難受。因為接受不了自己不夠優秀的事實，他就會想各種辦法，加倍努力，讓自己更優秀，讓自己滿意。

我也是這種人。我在農村裡長大，小時候如果誰游泳比我厲害，我必須想辦法超越他；如果有誰打彈弓比我準，我一定要去選更標準的樹杈、做更好的彈弓、撿更多的石子去練習，下次大家一起玩，我一定要打得比他準……

製作課程也是這樣，我在規劃寫作課時，我下定決心要做得比大部分的課程品質還要好，如果做不到，我就會睡不著……

你是這樣的人嗎？很多人不是，比如你在一家公司的新媒體部門裡工作，小組共有八個人，如果你的成績排在第四名之後，你都不難過、不著急，甚至覺得可以接受，那你就別問為什麼別人這麼厲害。

大部分公司求才的標準中有一項是：「希望你是一個主動的人」。老闆都喜歡這樣的員工，因為這樣的員工如果覺得自己不夠優秀，他自己就會緊張，不用老闆天天推著他走。

不比別人厲害，他就覺得不舒服；不拿第一，他就渾身不舒服，沒辦法更受歡迎，他就更不舒服……由此可見，優秀、比別人強，就是這個人的硬性需求。這種硬性需求重要到什麼程度呢？就跟你吃飯、呼吸一樣重要，你不吃飯會餓、不呼吸會不順暢，對那樣的人來說，不優秀他就會饑餓、不優秀他就渾身不對勁，這就是自我驅動力的表現。

為什麼我一直在努力，還是不夠優秀

很多人也一直在努力，但是依然做不出足夠好的成績。為什麼呢？原因是動機不同。**你學得了別人的勤奮，學不了別人的動機。**

有一段時間，我在上線上產品課程，然後我就想，優秀的產品經理很多，足夠努力的也很多，為什麼做出好產品的產品經理那麼少？為什麼大多數產品最終淪為平庸之物？

我聽了二〇一九年張小龍的微信公開課演講，從中找到了答案。有微信之父之稱的張小龍用了一個詞，叫「原動力」。他認為，原動力其實是內心深處的一種認知和期望，它很強大，在它的驅動下，你可以堅持做某事，克服很多困難去做成某事。張小龍做出了微信這樣美好的產品，他的原動力可以總結為以下兩個。

一、堅持做一個好的、與時俱進的工具

團隊的初心，是讓微信成為一個優秀的工具。基於此，對於大多數產品經理能夠容忍的東西，張小龍無法容忍。比如多數產品經理能夠容忍彈出式廣告、系統推播行銷資

訊、誘導用戶點選連結等，這些張小龍都無法容忍，所以微信到現在都沒有這些東西。

如果你沒有這樣的原動力，為了短期營收，你會忍不住幫產品加上這些行銷功能。

張小龍對工具的熱愛，是屬於原動力層面的。他當年甚至願意親自動手寫程式代碼來打造 Foxmail 這樣的產品，以此滿足自己的創造欲望。他一直癡迷於此。

二、讓創造者體現價值

大家知道，微信上還有公眾號，公眾號是一種訂閱產品。

什麼是訂閱產品？簡單來說，如果你不訂閱它，你就收不到它的推播。公眾號的推播是可以控制的，只會推播給需要的人，不需要的人不會被打擾，這就是所謂的「去中心化」。

中心化是平臺作為一個中心，用機器算法分發流量。去中心化就是平臺不管控流量，它提供一個「生態系統」，讓能創造價值的人在其中提供服務，吸引需要這種服務的用戶來訂閱。

在傳統的商業模式下，你需要在一個人流量巨大的地方租店、賣服務。張小龍希望利用網際網路來解決這個問題，讓地理位置不再是決定性的因素，讓你能提供的價值成為決定性因素。你提供的價值越大，你的收穫越多，這就是「讓創造者體現價值」。

因此，**一個人做好一件事最深層次的力量就是原動力。**

我有一個專職處理內容的團隊，其中一個作者入職不久後寫了一篇稿子，我幫他改了十小時，從標題到開頭、小標題，到結尾、配圖，到觀點表達和案例選取，甚至到每一句話的措辭。改到最後，他大概是快崩潰了，但我樂此不疲。

我們都很努力，但原動力可能不同

很多新媒體寫手一天努力八小時，原動力是完成 KPI、提高瀏覽量、賺獎金。

我真正的原動力是，我在一個資源極度匱乏的環境中長大，後來到了北京這樣資源極其豐富的地方，然後透過優質內容進行自我改造，提升自己的認知，重塑自己的價值觀，慢慢找到了自信，找到了自我，找到了自己的熱情所在，找到了事業。

張小龍曾說，做產品是一個塑造東西的過程，每天按自己的想法改一點、改一點、改一點。這樣做的驅動力就是你願意去做一個東西，讓它看起來很棒、很完美。所以張小龍說，如果他是個木匠，也會是一個很好的木匠，而且他會享受他做的事情。

我願意花十個小時改一篇稿子，也是一樣的道理。我對好的內容有信仰，我堅信，

「You are what you read（你閱讀的內容造就了你）」，**好的內容能給你力量，影響你、引領你、改變你、重塑你，讓你成為更好的自己。**

內容是會影響人的，做內容的人要尊重文字。我經常跟作者們說：「你寫一篇文章，一發出來，就有上萬人甚至十萬人看到，這是一件需要警惕的事。當你有這樣的權力時，你不能濫用它，要寫對人有正向影響的文字，對自己寫的每一句話負責。」

嬰兒恆溫箱這個偉大的產品，是家禽飼養員奧迪爾．馬丁和醫生史蒂芬．塔尼一起做出來的，其原型是奧迪爾做的小雞孵化器，但這個產品不能算是奧迪爾發明的，而是去逛動物園的史蒂芬發明的，因此做這款產品的原動力來自他。

這就像騰訊QQ一樣。第一代QQ的每一行程式代碼都是原騰訊集團高級執行副總裁吳宵光寫的，但人人都稱馬化騰是「QQ之父」，因為QQ的原動力來自馬化騰。大家做著一樣的事、付出一樣的努力，但原動力不同，最終抵達的高度就會不同。

原動力可以升級嗎？

看到這裡你會發現，原動力才是一個人最核心的競爭力，它定義了你的夢想和野心。一個被巨大野心驅動的人，會極度自律、晝度夜思、殫精竭慮、不知疲倦，因為他不只是想贏，而且是必須贏。

人性七宗罪，懶是一大罪。沒有人不想舒舒服服的過生活，那些能日復一日拚命工作的人，並不是因為其克服惰性的能力有多強，而是背後的原動力促使他們如此。

那麼問題來了，原動力可以升級嗎？當然可以。

羅永浩是大象公會創辦人黃章晉的老朋友，也是其投資人。他在一次分享時說了一個有意思的現象，他說黃章晉在他們朋友圈子裡出了名的以「不可靠」著稱，但他創業做了大象公會後，整個人脫胎換骨了。黃章晉勤奮和投入的程度、幹起活來不要命的程度，連羅永浩自己都害怕。

為什麼黃章晉有這種變化？因為他努力的原動力增強了，野心變大了，要實現的目標變大了，欲望增強了，人自然就會更加努力。

這個原動力是怎麼改變的？從黃章晉的角度來看很簡單——他從一個作者變成了一個創業者，成為了老闆。

為什麼創業了，原動力就改變了？你想想看，如果你是一個作者，那麼你平時就喜歡跟作者比，喜歡跟作者交流；但如果你變成了創業者，你的圈子就變成了創業者的圈子，你比較的對象也變成了優秀的創業者們，動力自然就變了。

所以，**要改變原動力，你就要學會替自己「升階」——升階你的目標，升階你的同行者，升階你的社交圈，這些升階會不斷強化你的原動力。**

從前，我是一個新媒體小編，我的原動力就是寫出10 W+的文章。現在，我創業了，見了越來越多的「牛人」，看他們做事，我就會不斷地想：「哇，原來還可以這樣，原來我也可以有這樣的夢想。」

「升階」你的學習對象也是一條路徑。

著名遊戲製作人陳星漢受到美國電影導演史丹利．庫柏力克和日本動畫導演宮崎駿的影響，他說：「真正能夠改變歷史、成為大師的人物，他們奉獻的是一輩子。不是說退休了就不幹了，他們退休了，覺得不幹就沒意思，七十歲、八十歲時還在做，包括黑澤明。真正在行業內做到大師級的人物，一定是非常講究細節、執著做別人做不到的事的人，只有這樣執著的人才可以改變歷史。[16]」

我個人一步步升階成長，大抵上也遵循這種路徑。我喜歡研究「牛人」的經歷，從讀高中起，我就喜歡買雜誌，看裡面關於企業家的故事。

---

16 節選自《財經》雜誌發表文章：《陳星漢：遊戲應當利用人性的閃光點而不是弱點來賺錢》（有更動內容）。

在上大學的時候，我讀了很多諸如林肯、富蘭克林這樣的人的自傳。在閱讀的過程中，我經常心裡一顫，頭皮發麻，心想：「同樣是人，人家怎麼就有這樣的想法？」看得越多，我越會反過來詢問自己，我怎麼會老是嚮往「老婆孩子熱炕頭[17]」的生活？我怎麼會只想著找一份好工作，按部就班地養家糊口？我怎麼會老是想著存錢買房？我這輩子就不能有其他的想法嗎？

有句話說，**所謂進步，就是不斷發現自己過去很無知的過程。**

我想說，**所謂成長，就是不斷發現自己過去原動力過低的過程。**

如果你不斷學習、努力成長，就會自我推翻，重新定義你的原動力。

思考

升級思維的目的是改變行動。

看完這節內容，思考一下，你現在工作的原動力是什麼？你有沒有經歷過原動力的疊代？有沒有可能繼續疊代？

17 老婆孩子熱炕頭：有老婆、小孩與溫暖的家，意指幸福美滿的家庭。

第2章
解鎖人生更優解

題目選定了，
但不同解法，收益可能差十倍。
成長無止境，
永遠沒有最優解，只有更優解。

第一節——成本思維：一切皆有性價比，最聰明的人不是只看錢

本章，我們接著來談如何更好地解題。

成長無止境，永遠沒有最優解，只有更優解，我們先從成本思維開始講。為什麼要講成本思維？答案很簡單，因為一切皆有成本。你得到一樣東西，必然要付出成本。如果你這輩子想得到足夠多的東西，那麼你必然得是一個很會支付成本的人。我們可以說，那些有所成就的人，都是成本支付的高手。

什麼樣的人是成本支付高手？是最懂性價比的人。支付成本低，並不代表產品、服務、行為性價比高。假如我為了降低生活成本，大學畢業後從北京回到山東老家找工作，這個降低成本的行為性價比就未必高。

很多時候，你支付了更多成本，反而可以提高性價比，比如你買正版課程，其性價比一定比你花更少的錢買盜版的課程高。所以成本思維就是：**萬物皆有成本，凡事皆有**

性價比，你要做一個成本支付高手，而不是只會省錢。

那麼你究竟該怎麼做？

別只盯著錢看，錢是最容易蒙蔽你雙眼的成本

一提到成本，很多人立刻想到的就是錢。這一小節可以幫助大家打消對成本的誤解，升級大家對成本的認知。

錢只是成本的一種，錢不等於全部成本，若要成為一個成本支付高手，你就不能只盯著錢看。

下面講幾個應用案例場景：

場景一：時間成本也是成本

我有一個朋友要配眼鏡，他不在公司旁邊的眼鏡店配，也不在住家附近的店家配，而是等到週末去潘家園眼鏡城配。他省下了兩百元的金錢成本，但多花了半天時間。

我想起自己做服飾店店員的時候，經常遇到一些人一下子買了好幾千元甚至更多錢的衣服。而往往這些買得多的人又是挑得最快的，他們下決定的速度很快，結帳的時候也不會用各種手段要求打折，甚至當我們主動說掃QR碼註冊會員可以打九五折時，對方竟然說不用了，直接付錢。

窮困的時候，我以為這就是所謂的「人傻錢多」，現在我懂了，錢不是唯一的付出成本。

記住，時間成本也是成本。

場景二：決策成本也是成本

曾經我還有一個疑惑，既然網路上有比商場豐富無數倍的服飾品項，而且同樣的衣服在網路上可能還有折扣，為什麼很多有錢人不願意在網路上買，卻喜歡在實體店購買？

學了經濟學後我知道了，很多人在買衣服時會故意去那些選擇比較少的商場，因為選擇少意味著決策成本低。

記住，決策成本也是成本。

場景三：情感成本也是成本

我春節回家時，發現家裡的人在省錢這件事上更有意思。

我有個親戚過年要買酒，其實酒不貴，是那種一箱幾百塊的，但他要託朋友直接從廠商那邊買，就為了省五十塊錢。

買這箱酒時，雖然他省下了五十元，但付出了其他成本，比如情感。有一個詞說得很好，叫「人情債」。我發現很多人為了省一點錢，喜歡麻煩朋友、同事，但其實他們在省下一筆筆小錢的同時，卻欠下了一筆筆的人情債，欠的債是遲早要還的。

你會發現，時不時地就有同事、朋友找你幫忙，你得付出精力一個忙、一個忙地幫，你不能拒絕，因為人家也幫過你，你欠著人情債呢。

小時候，我覺得那個親戚在這方面特別厲害，有很多人願意幫他的忙。然而，現在我盡可能避免像他那樣，因為我發現這些還來還去的人情債，時間長了就會陷入循環。如果你總是欠人情債，你會發現，隔三岔五地就有人找你，你要應付各種飯局，其實這些都沒什麼，但加起來就會消耗你很多時間、精力、心力。

現實中有很多這樣的大忙人，他們忙來忙去，其實是虧的。

記住，情感成本也是成本。

場景四：機會成本也是成本

二〇二〇年二月底，我開始做影片，每天花費大概兩小時，但收益很低，做了將近兩個月才收穫約一萬名粉絲。如果我把每天這兩小時用來寫公眾號文章，兩個月下來，公眾號可能會增加三、四萬個粉絲，而且公眾號粉絲現在是可以直接變現的，但我還是堅持在影片上投入時間，因為我認為影片會帶來下一個機會。

每個人的時間都是有限的，你把時間用在A上，就意味著那段時間你失去了A以外的所有機會。而有些機會需要投入很多來換取，比如影片這樣的重量級產品，背靠著微信十一億用戶的流量，如果我不去做，意味著我支付了很高的機會成本。

記住，機會成本也是成本。

有朋友和我探討營運業務，他說：「別人營運訓練營成本都滿低的。你們給的太多了，從下一期開始，可以省點錢。」

我說：「這個階段我不需要省錢，我需要多花錢、多找人、多挖人，支付更高的報酬找更好的人來拓展我們的訓練營。現在省這點錢，我們付出的會是更高的機會成本，以及快速拓展業務的機會。」

不舉更多例子了，我想告訴你，**錢不是唯一的成本，時間、決策、情感、機會、信**

任、心情等，都是成本。

有錢不賺不是傻，考慮成本時要放眼長期價值

「有錢你不賺，你是不是傻？」這句話很多人都聽說過，抱持著這種觀點的人往往沒有成本思維。

你賺錢靠的是什麼？靠的是支付成本。所以這個錢要不要賺，要看成本、回報、性價比，而這裡面非常重要的是長期價值。

舉兩個應用案例：

場景一：為什麼難賺的錢不要賺

「得到」APP創辦人羅振宇老師講過「五分鐘商學院」創辦人劉潤老師一個「奇葩」的故事。劉潤是商業顧問，但是他給自己定了一個很「奇葩」的規定，就是絕對不到甲方那裡去銷售。為什麼呢？

成功的諮詢公司各有各的成功，失敗的諮詢公司只有一種失敗——客戶不相信你的能力，也就是你沒有聲譽。

甲方會反覆跟你聊：「說說看，你能做什麼？你比別人好在哪裡？還能再便宜一點嗎？你能來競標嗎？我能先付百分之三十的錢嗎？這有什麼問題？」

答案是交易成本很高，所以劉潤老師說：「不管你是多優秀的企業家，只要你不願意到我的小辦公室來聊，說明我的聲譽還沒有好到讓你登門。只要不是用聲譽贏來的客戶，對方再有錢，也不是我真正的客戶。不夠強大，是我的錯。我在內心對這些客戶說：『請原諒我無法服務你，因為我要用這段時間，繼續拚命提升自己。』」

劉潤老師補充道：「這不是有錢賺我不賺，而是太難賺的錢，我不賺。我這麼做的目的是累積長期價值，讓後面同樣多的錢變得好賺。」

我經常看到一些人，他們整天發朋友圈，稱讚自己的社群多好，稱讚自己的課多好，時不時地曬別人轉帳給他的截圖等等，同時附上一句「想加入的私聊」。

這是什麼行為？這就是在賺難賺的錢，賺不屬於自己的錢。

即使錢賺到了，但因為效率極低，浪費了你很多時間，所以並不值得。你不如把那些時間用來拚命提升自己的實力，你一步、一步變得強大了，就不再需要那樣用高成本來推銷自己。

我觀察了近兩年，有些人天天就這樣銷售自己的產品，他們根本沒時間提升自己的實力。兩年過去了，我覺得他們也沒有太大的變化，還是那樣。

要賺容易賺的錢，這個「容易」不是說你很容易得到，而是說你要不斷努力，讓自己有資格。我說的「容易」，是指當你有資格、配得上賺這些錢之後，成交就會變得很容易了，即交易成本低。

場景二：為什麼送上門來的錢我不賺

二〇一八年，經常有客戶邀請我出去講課，一天給我一萬元。

這是送上門來的錢，我該不該賺？這個生意對我是好是壞，不能盲目地看，我們要從成本的角度去看。

我去講一天課，支付的成本是多少？是一天時間。

那麼，這個生意是好是壞就要看當時我一天的工作值多少錢。

二〇一八年三月，我創立公眾號「@粥左羅」，當時我靠高品質的原創文章來增加用戶，寫一篇文章用時一天，一篇文章平均能增加兩千個粉絲。按照長期的用戶價值來看，就算一個用戶的經濟價值是十元，我坐在家裡寫文章也相當於一天能賺兩萬元，而文章本身的價值是橫跨時間的——我去年寫的文章今年還有人在看，這篇文章依然在創造價值。所以從這個角度看，在當時，一天一萬元的講課費不值得我去賺。

還有個角度，我創業後做的第一門音頻課程「粥左羅教你從零開始學寫作」，六個月的銷售額為八十萬元，如果是實體課程的費用，我賺一樣多的錢則需要八十天。

我做那門課程用了多久？答案是五十天。而且那門音頻課程還會持續創造營收。從這個角度來看，一天一萬元的講課費，當時也不值得我去賺。

這兩個角度都是從長期價值出發的，只顧眼前就容易看不清成本支付的性價比。我這種做法不值得學習，但這種做法背後的方法論仍值得學習。

從成本支付的性價比來說，去年不值得做的事，今年可能就值得了。比如去年寫一篇文章平均增加兩千個粉絲，今年流量很難獲取，一篇文章大概就只能增加五百個。

不過，因為我把時間用來讓自己更快地成長，現在我去講課的費用已經是一天五萬元了。所以，**學習課程不是為了學案例，而是要透過案例理解方法論，透過現象瞭解本質。**

沉沒成本是不是成本不重要，學會放棄才重要

「沉沒成本」，很多人都聽說過這個詞。那麼，沉沒成本是不是成本？當然不是。沉沒成本是你已經花出去且無法再收回的成本，所以你不用再為它放棄什麼，它當然也就不是成本了。這裡的成本是面向未來的，而不是面向過去的。

比如你買了一門知識課程，當你付完一百九十九元之後，它就沉沒了，不是一元、一元逐漸沉沒的，而是瞬間全部沉沒的。因此，沉沒成本是不是成本不重要，真正重要的是它背後的兩個字——放棄。

人生的藝術是取捨的藝術。取捨這兩個字之中，「捨」比「取」還要困難許多，捨之所以難，就是因為我們很多時候不懂得沉沒成本。我們學習沉沒成本，就是為了更好地「學會放棄」。

買了一門課之後，你聽還是不聽，取決於什麼？這完全取決於它的價值。

這並不取決於它是你花一百九十九元買的，還是花一千九百九十九元買的，它們的不同，就是帶給你的價值不同。如果你買了一門一千九百九十九元的課，卻發現根本沒多少價值，你就應該果斷放棄。但很多人覺得，哎呀，錢都花了，硬著頭皮聽完吧。

比如你在發現電影不好看之後，會馬上起身離開電影院嗎？大多數人會想，來都來了，錢都花了，看完吧。

比如你文章寫了一大半了，發現這個題目不行，你會放棄嗎？大多數人會想，寫都寫了，還是寫完發出去吧。

比如你在餐廳點了很多好吃的，吃飽之後，還有兩道菜沒吃完（不好打包），你會放棄嗎？大多數人會想，花這麼多錢點的，不吃太浪費了，於是就算讓自己吃得很撐不舒服，也會再吃一些。

比如你買了一件衣服，但它其實不適合你，穿上它會降低你的品味，你會放棄嗎？大多數人會想，買都買了，至少穿個十次、八次再扔吧。

對大多數人來說，能不能理解「沉沒成本到底是不是成本」根本不重要，因為即使瞭解了，他們也不去執行。所以我們要盡可能地要求自己在各方面能「透過理解沉沒成本，學會放棄」，因為很多時候，「不想放棄」便成了最高的成本。

升級了成本思維之後，你要根據它做更好的選擇、判斷與決策，因為萬物皆有成本，凡事皆有成本。

做什麼、怎麼做，關鍵要看性價比，要做成本支付高手。

思考

升級思維的目的是改變行動。

看完這節內容，你對成本這個概念有了怎樣的認知？

成本思維可以讓你在哪些事情上做得更好？你準備如何行動？

第二節——利他思維：所有傷害都是相互的，所有利他都是利己的

在這個世界上，人們靠情感維繫關係，也靠利益維繫關係。遇事應該採取什麼樣的處事原則？利他還是利己？犧牲自己還是傷害別人？有很多人討論過這些問題，有人認為利他只不過是一種精明，有人不承認這個世界上有真正會犧牲自己、成就他人的人，也有人認為很多人透過傷害別人來成就自己。這些說法都有一定的道理，但多數只涉及問題的一面。對於這個問題，我希望你始終記住一個詞——能量守恆，也希望你始終記住一句話——力總是成對出現的。

不要傷害別人，所有傷害都是相互造成的

我的公眾號「@粥左羅」上投放過一則英語廣告。一般對於直投的廣告，廣告方都不希望別人改他們的文案，因為他們給的是經過多次測試及最佳化後所得出轉化率最高的文案，但我還是堅持對那則廣告做了多處改動，我刪了一些內容，改了一些內容，加了一些內容。

原文案中寫到：「參與打卡的學員中，有98％的人收到了退回的學費。」

我刪了這句話，因為這個資料一定有誇大的成分，很多人很難堅持完成所有的打卡活動，完成打卡活動的學員比例不可能有這麼高，有百分之六、七十的人能堅持學完就不錯了。我自己有做訓練營，每期支付七萬元左右的營運成本，有超過二十人的兼職團隊為學員提供服務，完成打卡活動的學員比例也只達到百分之八十。

原文案中又寫到：「僅限一百五十個名額」，我改為：「名額有限，欲報從速」。

一百五十個名額肯定是不準確的，為什麼呢？如果他在我這裡投放廣告，卻只徵求一百五十個學員，那他註定會賠本，所以很顯然的，他只是為了加強急迫感而隨便寫的文案。

原文案裡沒有「打卡需要發朋友圈」的說明，我在文章中增加說明了三次，即在每次放購買QR碼的時候，我就說明一次。

然後我在留言區裡說：「我知道有很多人討厭在朋友圈打卡，但為了提醒大家，我必須說清楚，而且提及三次。不喜歡在朋友圈打卡的人，可以選擇付九十九元，雖然這筆錢學完後不退，但這樣就不用打卡了。」

所以我的做事方式就是，要把情況說明清楚，讓用戶在知情的前提下自由選擇，而我做這些事的目的就是不傷害用戶。

從表面上來看，這樣做會稍微降低轉化率，但要知道，真誠能帶來信任，信任可以增加轉化率。如果不做這些，那麼在增加轉化率的同時，也會傷害用戶。

很多人認為，傷害那就傷害吧。他們之所以這麼想，是因為轉化率高有兩個好處：

第一，我賺到了——轉化率高，所以會有更多廣告方在我這裡投放廣告。

第二，廣告方賺到了——轉化率高，他的投放成本就相對降低了。

但實際情況並不是這樣的。

記住，天底下沒有單方面的傷害，若將重點只擺在轉化率，而不顧及用戶的感受，則會產生以下兩個後果：

第一，我會被傷害——用戶會罵我，會取消訂閱，還會告訴別人這個公眾號不值得信賴，最終會影響我的個人品牌和帳號品牌。

第二，廣告方會被傷害——如果用戶發現被「套路[18]」了，就會討厭這個品牌，還會告訴別的用戶不要買這個品牌的產品。

當然，這些傷害都是逐漸表現出來的，因為即時表現就是轉化率高，我和廣告方都能受益。所以我選擇做這些修改，實際上則是保護了我和廣告方的品牌，這種做法才是長遠之計。其實，我想藉這件事告訴大家，力總是成對出現的，人和人之間的傷害都是相互的。

我有個大學同學在廣告公司做投放。有一次，自媒體人A收了他的預付款，最後不想按照最初的寫作方向撰寫，說那種寫作方式太耗時耗力，對自己的用戶也不好。

但問題是，最初A為了賺錢，所以簽了這樣的合約。這時候，我的同學有三種選擇：

一、請求A按照原本的方向寫。

二、增加金額讓A按照原本的方向寫。

三、放棄投放，預付款打水漂。

18　套路：掉入他人精心設計的陷阱中，或是潛移默化而被影響。

我同學試了第一種方法，結果失敗了。為了顧全大局，他沒有選擇第三種方法，而是選擇了第二種方法，他加了二分之一預付金的錢，A見錢眼開，收到錢之後便依照原本的方向寫了。

你看，在這件事中，A傷害了我同學，讓我同學多花了一半的錢，A沒有受到損失也沒有受傷害，但傷害一定是相互的，如果看起來不是，說明時間不夠長。

果然，這件事結束後，我同學對A的傷害便開始了。專門做廣告投放的人都有自己的圈子，而且這種圈子的人都有一定的影響力，他們能左右很多企業的廣告投放走向。於是，A在後面少了不少生意。

在一間公司，老闆可能會對員工不好，主管可能會對員工不好，從表面上來看，員工無法對公司造成任何損害。但是你可以等等看，等這個員工走了之後，甚至是兩年之後，等這個員工在圈子裡打通了某些業務上的關鍵節點，等這個員工說話有影響力的時候，他對公司、老闆、主管都有可能會造成傷害。

我不多舉例子了，你可以自己想想身邊的人和事，看看是不是這樣。

羅振宇在某年的跨年演講上說，所有事都是好事，如果不是，那還沒到最後。今天我想告訴大家，但凡傷害，最終都是相互的，如果不是，那就是還沒到那一步。

少傷害別人，就是少傷害自己。

多做利他的事，所有利他，都是利己

說到這裡，我想問一句：「大家一起做事，最影響成敗的關鍵節點是賺錢，還是分錢？」

答案其實是分錢。這麼說不是因為分錢最重要，而是因為分錢最容易出事，這背後就是利己心態在作祟。

很多老闆留不住人才，因為這個人才在公司做出了很大貢獻，卻沒得到應有的回報。比如他為公司帶來一千萬元的收入，可是老闆連十萬元都不願意分給這個員工。你不「利」他，他自然就不「利」你，你辛苦培養起來的人轉眼就跳槽了。

聰明的人都明白，所有利他的行為都是利己的。

比如許多有能力的人士在創業時，會先想著怎麼分錢。

一九九五年，俞敏洪創辦的新東方[19]讓自己成了千萬富翁，但當時新東方的員工都是他的家人，包括媽媽、老婆、姐夫等等，俞敏洪想找更優秀的人，做更大的事業。

於是，他想到自己大學時期最佩服的徐小平和王強。當時，徐小平在加拿大混得窮困潦倒，所以直接跟俞敏洪回國了。但王強不是，他已經獲得了電腦相關科系的碩士學位，在大名鼎鼎的美國貝爾實驗室工作，當時年薪大概是八萬美元，定居在紐澤西。

王強對俞敏洪有過兩次試探，第一次，王強說：「你考慮好了，我回新東方，新東方是我們三個人的，如果你不答應，我坦白告訴你，半年後我一定在你的校門對面建立一所學校，和你做一樣的東西，名字叫新西方，校長叫王強。」

俞敏洪聽完，沉默了一會兒，然後說：「那就在新東方這個名字下面做吧。」

第二次，一九九六年，王強回國，俞敏洪和徐小平買了一束花去北京首都機場接他，他接到花、剛坐進車裡，就說：「老俞，今天我和小平一無所有。如果有一天我們做得比你好，你能接受嗎？」

徐小平回憶說，當時車裡的氣氛很尷尬。

19 新東方：從小學到研究所，甚至針對出國留學的語言教學都有開班授課，並提供線上網路影片與直播教學。

俞敏洪聽完，沉默了一會兒說：「當然，讓你們回來就是讓你們成為百萬富翁、千萬富翁。」

王強說：「好，老俞你記住今天這句話，這樣我就可以一輩子跟著你了，你有這個心態就行。」[20]

俞敏洪在當時算是千萬富翁，他的事業蒸蒸日上。按照多數人的心態，自己拚命賺錢就好了，但俞敏洪選擇主動找兩個「牛人」加入，分給他們一人一部分賺大錢的事業。正是俞敏洪的這種利他心態，最終成就了新東方的「三駕馬車」，做出了更大的事業，創業是如此，任何合作都是如此。

韓寒說他創作、寫書時，就希望跟他合作的人不要吃虧，比如他的責任編輯至少要拿到獎金。他也希望大家能喜歡他的自我表達，能從頭到尾看完他的作品，而不是在電影院裡看到一半就走了，或是看書看到一半就覺得不好看、沒興趣了。

在韓寒眼裡，「有很多優秀的創作者其實從誕生的第一秒起就應該是個商人。文森．梵谷其實也是，只是他的畫沒有賣掉而已。但是優秀的創作者，第一秒就應該為

20 參考自蘇州CIPS供應鏈管理學會發表的文章：〈王強：我眼中的徐小平和俞敏洪〉。

市場，為自己的投資人、股東，為自己的受眾，去考慮商業回報的問題，這是非常現實、簡單的。」做一款產品也是如此。

大家都知道微信是一個去中心化的生態，微信擁有十一億的流量，但它沒有主導流量的分發，而是將流量留給了創作者和創造者。當下哪個線上內容平臺最好？我認為依然是公眾號。哪個線上內容平臺的優質作者最多？哪個線上內容平臺的原創好文最多？我認為答案都是公眾號。

為什麼呢？因為只有公眾號能讓優秀的原創作者賺到更多的錢。

張小龍說，當一個平臺只是追求自身商業利益最大化的時候，它是短視且不長久的；當一個平臺可以造福於人的時候，它才是有生命力的。

合作要共贏，你我都要贏，否則就別幹

共贏是一種非常美好的關係，這種關係因為平衡，所以持久。在任何合作關係裡，如果只有一方贏，那麼這種關係必然會因為失衡而破裂，失衡是一種危險。

有兩種人我還滿怕的，一種是對你太好的人，另一種就是對自己太好的人。

第一種人，他做了各種利你的事卻不求回報，請你吃飯、免費幫你，還送你禮物。免費的都是最貴的，他有很大的機率往後對你有所求，那個「所求」又不是一般你可以輕易滿足的，不然他不需要這樣。

另一種人：「你幫我跟某某企業接洽一下好嗎」、「我最近想做一門課程，你幫我整理一下課程大綱吧」、「你來我們公司開一次講座吧」、「你幫我設計一個logo吧」……很多人跟你並不熟，讓你幫他做事卻像理所應當一樣，閉口不提他能給你什麼回報。當然，我們也不是那麼功利，非得要一些即時回報，而是他這種態度會讓人覺得很不舒服。

最好的關係，就是能合作共贏的關係

這是一種處事原則，是對自己處理大多數關係的要求。

要怎麼做才算是一種要求呢？答案是「刻意去做」。比如你跟對方合作，即使他不主動要求，你也要主動給他利益，否則你不如不做。你要知道，在一個合作之中，如果只有你贏，那麼這個合作必然不能持久。

這裡我想再延伸說一下「合作」這兩個字。

合作，並不單單是指兩個人做一個專案或進行業務合作。大多數關係都可以被稱為合作關係，我們也應該用共贏的原則去處理這些關係，因為任何關係都講究共生。

男、女朋友之間與夫妻之間，是否存在合作關係？

當然存在，戀愛最好的狀態，依然是合作共贏，彼此成就。

很多愛情關係之所以會破裂，都是因為雙方不明白這一點。最初雙方勢均力敵，之後慢慢地，一方成為另一方的支持者，比如女性為了男性放棄自己的事業、放棄自己的愛好，全力支持男性的事業。雙方都覺得這像極了愛情，實則已經埋下了隱患。將時間線拉長，最終雙方勢不均、力不敵，關係就失衡了。

愛情關係也是合作關係，每一方在往前走的時候，都想拉著對方一起，這才是雙贏、健康且持久的關係。

老闆和員工之間、主管和員工之間，是否存在合作關係？

一定也存在。我現在創業，徵人的時候必定會談及待遇問題。我會跟每個新加入的同事說：「你們到我這裡工作，我要不斷去想的問題就是，怎麼讓你賺得更多。」

為什麼呢？因為你們賺得多，說明你們創造的價值越大，也幫我賺得更多，所以你們賺得越多，我當然越開心。假如我的員工個個都很有錢，那一天我肯定超級有錢。

羅振宇最初創業時說，他必須做一個平臺、找到一種模式，讓平臺的講師賺到大錢。為什麼呢？因為一個老師只有在這裡賺到足夠多的錢，才能心無旁騖地規劃、準備課程，沉下心來為用戶服務，後來「得到」就是這麼做起來的。

很多人在做事時，會把自己的利益跟對方的利益分得很開，這是不對的。越是好事，雙方的利益點就得結合越緊，很多事情是相輔相成的，你不要想著把它們分開。

有一天，我和一個朋友聊天。我當年擺地攤的時候，他買過我的明信片，因此認識了我，並引薦我到創業邦做小編，他親眼看著我從一個擺地攤的小販發展到現在，賺的錢也越來越多。

這個朋友跟我聊到凌晨一點多，他說突然想問我一個很重要的問題，鋪陳了好久，我說你倒是問啊。

他說：「我的問題是，你做這些事是因為能賺錢，還是因為你確實想創造價值來幫助、影響別人？」

我一聽，心想說，嗨，我還以為是什麼問題呢。但我跟他說：「我分不太出來。」他以為我是在糾結，無法分辨。我跟他解釋說：「越相近的兩個東西，才會分不太出來。如果兩者離得太遠，就一定能分辨得出來。所以，我覺得那兩個東西是非常相近的，而且離得不遠。」

什麼意思呢？不管我寫文章、寫課程內容，還是做社群、做訓練營，我做得越來越好，產品或服務品質越高，收穫價值的用戶越多，我肯定就能賺越多的錢。

你說這兩者是不是特別相近？為什麼非要將兩者分開？如果一個人能寫出好文章、做出好課程，你每天看文章、聽課，就是不讓他賺錢，那這件事能夠持之以恆嗎？

綜上所述，一個人想要成長得快，發展得更好，一是不要傷害別人，二是要學會刻意做利他的事。

弱者互相傷害，而強者互相扶持，做彼此的成長槓桿，共生共贏。

最後我想說：**利他，本身也是一種自信。**

思考

升級思維的目的是改變行動。

看完這節內容，你是否對傷害和利他有了新的認知？歡迎分享你的思考，更歡迎分享有關這方面的故事和經歷，分享的過程也是一種反思的過程。

第三節——多維思維：為什麼我比你強，但賺得卻比你少

世界不是一維空間，而是多維的空間。**多維思維既是我們理解這個世界的方式，也是我們解決問題的工具，更是有效競爭的利器**。多維思維有多重要，又多麼有待科普，我講幾個常見的狀況，你就會明白了。

我在農村老家經常聽到有鄉親這麼說：「小時候你不愛說話，也不會喊人，怎麼現在這麼厲害呢？」

你會聽到一些人（包括學校老師）這麼說：「××上學的時候成績很差，現在怎麼這麼厲害？××讀書讀得這麼好，有研究生的學歷，怎麼還沒××過得好？」

看完中國真人實境節目《創造101》，很多人大罵：「×××唱歌、跳舞表現得這麼差，憑什麼得到前幾名？」

在職場上，有不少人會這樣問：「我的專業度比他強多了，為什麼升職加薪的不是

我？」

不少人也問過我：「能寫出好文章的作者這麼多，為什麼你可以發展得更好？」

提問者之所以提出這些問題，大概是因為他們沒有多維思維，總是從單一維度看問題，尤其這個角度似乎還是決定成敗的關鍵。

百分之八十以上的人並沒有足夠強的多維思維，為什麼？因為小學六年、國中三年、高中三年，在你成長過程中這非常重要的十二年裡，你都在被單一維度塑造著，這個維度就是分數。

有一個同學非常擅長處理人際關係、團體活動、協調資源、凝聚同學的向心力，性格特別堅韌，這些能力或特質都至關重要，但常常被忽視。

在這十二年中，我們都在比較分數。但當你踏入社會之後，誰會在乎你那十二年拿了多少分數呢？可悲的是，很多人畢業後踏入社會，工作幾年後，還是採用單維思維，從單一維度看問題，俗稱「一條筋」。

如果你只記本節內容中的一句話，那必定是：「**多維思維是一種競爭思維，人比拚的永遠是綜合能力。**」看到這句話，很多人以為自己明白了，其實沒有。

「砸開」這句話，裡面還有很多東西。

每多一維，甩開一片

多維競爭是如何奏效的？競爭是多維的，你每多一維，就能甩開一片競爭者。

在整個新媒體圈中，會寫熱門文章的人太多了。那麼多10W+、百萬以上的熱門文章作者，如果只和這些人比較這個維度，那麼我沒有太強的競爭力。

怎麼辦呢？答案是增加維度。

和我一樣會寫熱門文章的人很多，但是願意像我一樣從中提煉方法論的人，一下子就變少了。在那些能提煉方法論的人中，有一部分的人不敢挑戰站上講臺或面對成百、上千的人講課，有的人一上臺就緊張得雙腿發軟。

很多老師將課程整理得有條不紊，卻不會寫推廣文章。我之前的課程廣告出現在網路上的許多管道，因為公司願意花錢推廣，為什麼？因為我文章寫得好。

文章寫得好，轉化率就高；文章寫得好，大部分的自媒體帳號就願意接我的課程廣告；因為不會給對方的帳號造成很大傷害，且文章轉化率高，所以很多帳號甚至可以接受分成推廣的方式。

所以，課程安排得很好，但文章寫得不如我的老師，在推廣上都比不過我。

很多老師課程安排得很好，推廣文章也寫得好，但沒有自己做「流量」的能力。我自己獨立做起來的兩個公眾號，擁有超過七十六萬的粉絲，加上這個維度，我又甩開一大片人，這就是多維競爭。

多維競爭不要求你在每個維度上都很厲害，但你得願意、也敢去拓展維度。比如瞭解我的人都知道，我是個很內向、很容易緊張的人，之前我在微信聊天時都不敢傳語音，更別說讓我上臺講課了，但我願意拓展這個維度。

我在第一次要上實體課程之前，在網路上看了很多演講的影片，還買了很多演講的課程來聽，在家裡對著牆壁練習了很久。

我練習演講、練習呼吸，練習怎麼假裝讓自己看起來很放鬆的樣子，我到現在也還沒練到最完美的程度，但我敢站上講臺，甚至我還做了很多場直播。

最初我只要一聽到要讓我做直播，我都會緊張得冒汗，但我還是去做了，這就是拓展維度。我做了很多失敗的直播，但如果不去拓展，那麼我連失敗的機會都沒有。直到今天，我已經可以很輕鬆自如地直播了。

我講課時，「顏值」不高，普通話也不標準，臨場反應也不快，那我要拓展什麼維度？想來想去，我決定乾脆放下一切，做個最沒包袱、最不裝、最真誠的老師。

我是什麼樣的人就呈現什麼樣子，所以學生都覺得我很真誠、很親民，他們覺得跟我沒有距離感。

有一次上課，有個學生在群裡對我總結了八個字：「凡人形象，大師品格」，其他學生說總結得太好了。

總之，你可以找到一個屬於你的維度。

我們在做寫作訓練營時，發現很難找到可以獨立營運社群的營運長。一個營運長需要會寫作、懂營運、懂策劃、會管理，要擅長處理人際關係、客戶投訴、活躍社群氣氛、進行社群內危機公關……

有的人會寫作，但不懂得營運；有的人懂營運，但沒辦法帶人；有的人能力很強，但情緒不穩定；有的人擅長活躍氣氛，但在處理人際關係時非常生硬……這樣的人很難成為優秀的訓練營營運長。

其實不管做什麼，都是一種綜合性、多維度的競爭。你的眼光好、你的判斷力強、你的商業敏感度高、你對項目的操控力強等等，這些都是很重要的維度，很多維度並不是表現在肉眼可見的技能上，因此很容易被人忽略。

先「精」一維，再去拓展

一個人很難在單一維度上做到極致，即便做到了，也未必有很強的競爭力，所以要具備多維競爭的優勢。但是在多維競爭中獲勝的一個前提是——你在某一個維度上足夠強大。

在某個單一維度上，你要做到比百分之七、八十的人強，然後再去拓展其他維度，讓其他維度支撐你那個很強的維度，使其更強，這樣的多維競爭才行得通。如果你一味地追求成為「斜槓青年」，最後只會是「樣樣行，樣樣鬆」，所有維度的能力合起來也未必有很強的競爭力。

在如今這個網路時代，大家在本職工作之外有很多賺外快的機會，這可能是「斜槓青年」流行的原因。比如一個人除了核心技能之外，可能還會教人寫作、教別人演講，幫人做 **PPT**、幫人設計圖片、幫人設計課程、幫人主持會議等等。

如果你的核心技能一般，其他技能就只能作為賺外快的形式存在，它們並不會形成組合優勢。如果你的核心技能很強，其他技能和核心技能就會形成很強的組合優勢。

比如你是一個很厲害的程式設計師，同時又很會寫作，這兩個技能加起來，會讓你成為技術領域的「大V[21]」，大大地提高你在這個行業的影響力，之後各種資源和機會都會找到你。

比如，你是一個能力很強的銷售人員，同時又精通課程設計，將這兩個技能加起來，你就會成為很強的課程銷售講師，而不僅僅是銷售人員。

比如，你很會唱歌，同時又很懂得行銷。在這個時代，你可能可以很容易地成為抖音上的網紅，因為會唱歌的人很多，既會唱歌又會行銷的人卻很少。

我最初非常專注於研究新媒體熱門文章，整整一年專攻這個維度。在這個維度上，我比百分之八十的人強之後，我開始拓展其他維度——安排課程的能力、公開演講的能力、打造個人品牌的能力、產品能力、商業化能力，所以我從一個單純的文字創作者進化成知名講師，又進化成創業者、當老闆。現在我要拓展的維度是團隊能力、管理能力，這樣我才能比大多數自媒體創業者更有競爭力。

先「精」一維，再去拓展，循序漸進，持續疊代，在一個階段中，做那個階段最重要的事。

---

21 大V：在社群平臺上取得個人認證標章，並且擁有許多粉絲的帳號，例如IG的藍勾勾。

任何事情，多維看待

多維思維不僅僅在規劃自己的競爭力時非常有用，它本身作為一種思維方式，就是在時刻提醒你，世間萬物都是多維的，你看待任何事情時都應該嘗試從多維度去看，凡事要比別人多想幾個維度，這是思考力的來源，是訓練思維的好方法。

比方說，你如何看待財富？

很多人活得挺痛苦的，因為他們喜歡比較。只要一比較，你就一定能從身邊的人之中找到賺得比自己多的，你就不可避免地會不開心。可是你只要活在這個社會上，就沒辦法不比較，就算你不想比較，也會不得不比較。

大部分人跟同學、朋友比較的都是財富，比如比較月薪多少。這種比較是大錯特錯的，只看月薪怎麼行，甚至看存款也不行，因為一個人的財富構成是非常多維的，健康也是一種財富。

我爸是農民，在我大學畢業前，他在一家民營的小鐵廠值大夜班，白天就睡覺，因為晚上的電費比白天便宜很多。我之前一直勸他：「別的不管，你換個白天的工作，哪怕一個月少賺兩千元。長期上夜班是在透支身體，這欠下的債，以後是要還的。」

我爸月薪八千元，就一定比月薪六千元的農民賺得多嗎？只看月薪是如此，但加上健康財富，那就不一定了吧。

我爸跟著一個承包工頭工作，這個承包工頭一個月賺的錢是我爸的兩倍多。如果這樣比，我爸肯定不開心，但我們說了，財富不只有一個維度啊。我也是我爸的財富啊，我爸可以跟那個承包工頭比兒子啊。我爸的兒子——也就是我，「211[22]」大學畢業，創業當老闆，結婚、買房、買車都不用他掏一分錢，加上這個維度，我爸就很富有了。

下面繼續說財富的多維性。

我朋友有一次說：「粥左羅你現在厲害了，一個月賺那麼多，是我們的好多倍。你這麼有錢，請我們吃每人低消一千元的大餐，怎麼樣？」我相信他除了玩笑，也是真的羨慕我賺得多，但這依然是在單維度上比較財富，因此我現在再加一個維度——爸媽。

我爸媽都是農民，沒有社保、沒有退休金，現在基本上都賺不到錢了。我爸說他年輕時身體透支太多，把這輩子的力氣都用光了，做不了重活。當然，我也不需要他去做，所以我得努力賺錢養他們。同時我在創業，未來收入是不可預期、不穩定的。

22 211：中國於一九九〇年代所實施的政策，針對全國一百所國立大學優先提供輔助經費，協助學校發展。

我那個朋友的爸媽都是大學教授，職稱還比較高，他們有兩套房子，而且每個月還在賺錢，將來退休後，依然可以每月領較高的退休金，領幾十年，這些是可預期且穩定的。所以，加上這個維度，我們的財富又不一樣了吧。

再比如說，A、B、C、D四人都有一千萬元，A把錢投資在都市的房地產上，B用錢買了幾家大的網際網路公司股票，C用全部的錢買了理財產品，D把錢都存在銀行。五年或十年後，你可以想一下，四個人的財富註定完全不同。

E、F兩人都有一千萬元，E把錢投資在都市的房地產上，F在小地區投資了商鋪，等到五年或十年後，你也可以想一下，兩個人的財富也註定完全不同。

因此，財富的維度非常多，你要清楚地看見自己的財富和別人的財富究竟有什麼。為了讓大家更加清楚，我再舉幾個例子，說明如何用多維思維來看問題。

我之前喜歡彈翻床，體驗過兩家彈翻床館。這兩家位置相近，價格相近。論場地面積，第二家贏；論設備體驗，還是第二家贏。但我經過多次實地調查研究發現，從用戶規模和收入角度來看，反而是第一家更好。這是怎麼回事呢？

在主要服務上，第二家贏，但在其他服務上，第一家遠遠贏過第二家。

第二家雖然場地更大，但沒有合理利用，只是依照它所提供的主要服務布置場地。

而第一家從場地邊緣往中間延伸四分之一的長度，搭建了一個二樓看臺區。如果父母是陪孩子來玩的，他們可以選擇不買票，只要站在二樓看臺區就可以清楚地看到整個場地，同時這裡很方便拍照、錄影。

第二家除了主要服務，外加販賣礦泉水，基本上沒有配套產品或服務，而第一家用很少的空間把吃喝玩樂相關的產品和服務巧妙融合一起——看臺區旁邊大概有六張桌子供大家用餐，除了賣各種飲料，還賣鮮榨西瓜汁，以及烤香腸、烤雞米花、炸薯條、小披薩等零食，另外還有四臺夾娃娃機。

你不可能一直跳彈翻床，當你累了想要休息的時候，就會有多餘的注意力。注意力在某種程度上就是錢，這些配套就是用來賺這些錢的。

如果你在第二家玩，累了就只能在場地裡坐著玩手機。你玩手機的時間多了，手機就容易沒電，而且在這種地方，拍照、錄影也是有其必要性的，手機很快就會沒電。第一家放了行動電源租借站，而第二家沒有。這樣一來，第一家就能滿足客戶的需求。

彈翻床這類的活動，大部分的人不會經常去玩，只是偶爾玩。大家都知道，你平時不運動的話，隨便運動兩小時肌肉就會很疼。對此，第一家放了四臺按摩椅，客戶掃描QR碼付費即可享受服務，而第二家也沒有。

來這裡玩的，超過一半的都是父母帶孩子來玩，而且經常有相約一起來玩的家庭。對此，第一家專門規劃兩個小房間用來舉辦小型派對等活動，有些家長喜歡在這裡幫孩子過生日，邀請孩子的同學、朋友一起玩，而第二家也沒有這類服務。

	第一家彈翻床館	第二家彈翻床館
場地面積		✓（較大）
彈翻床設備		✓（較佳）
場地大小	✓（設有二樓看臺區）	（場地較大但沒有看臺）
飲食	✓（用餐區、飲料、零食）	（礦泉水）
其他服務	✓（夾娃娃機、行動電源租借站、按摩椅、活動空間租賃）	

所以，凡有競爭，必然多維。**你在核心能力上與別人差距不明顯的時候，一定要嘗試拓展維度。你每個維度比別人多一點競爭力，加起來就會變成很大的競爭力。**

看完本節內容後，希望你能用多維思維看待世間萬物，能用多維的能力培養並提升自己的競爭力。

思考

升級思維的目的是改變行動。

請你試著用多維思維解釋一個「透過多維競爭勝出」的案例，這個案例可以與一個人、一件事、一個產品、一家店，或者一家公司有關，你也可以講講你接下來將如何用多維思維升級自己的競爭力。

第四節——專注思維：只有專注，才能同時做好很多事

專注和兼顧都是很好的解題方式，各有優勢。但這兩者好像又互相衝突，專注了就沒辦法兼顧，兼顧了就無法專注，我們應該怎麼辦？你有沒有想過，這兩者其實應該是在一起的？

「專注思維」，當我提到這個詞的時候，你會想到什麼？

你可能會想到一些詞，比如：極致、專業、工匠精神。你也可能會想到一些句子，比如：「一輩子做好一件事就夠了」、「專注於一件事的人最有魅力」、「將一件事做到極致，勝過做千萬件平庸的事」。

總之，它要求你把時間和精力盡可能地放在一件事上。

我要講的剛好相反，我希望你能透過專注練就一個本事，同時兼顧很多事，下面進行具體分析。

你的時間有限，做好任何事都需要專注

我在公眾號「@粥左羅」上寫過一篇關於「透過副業賺錢」的文章，裡面寫道：「只有主業很牛的人，才應該出來做副業。很多朋友主業半瓶子醋，就開始搞副業。你不是天才，兼顧不好，所以最終的結果就是，主業被耽誤了，副業也沒賺多少錢。」

做成任何事，都需要專注。

我在每一期寫作訓練營開營分享的最後，都會給所有學員一個建議：能在一段時間內做好一件事，你就很優秀了，所以你的讀書計畫、減肥計畫、PPT 精進計畫、Vlog 學習計畫等，都可以先暫停一下。

為什麼呢？你的時間、精力有限，如果你每天什麼都做，最後什麼都搞不定，不僅弄不好，還讓自己懷疑自己、懷疑人生——我怎麼什麼都做不好？

二〇一五年八月，我開始做新媒體編輯，為了把這份工作做好，我想到最有效也最簡單的辦法，就是盡可能把所有的時間都奉獻給這份工作。

當時我正在看一些好書，我暫停了；我在學習 PPT、Excel 相關的技能，我暫停了；我熱衷於看電影，我暫停了；我非常喜歡玩滑板，我暫停了；週末我經常和朋友聚

會，我暫停了；我與同行時不時地聚餐交流，我暫停了；旅行，我也暫停了；陪女朋友逛街，我暫停了……是的，我把所有時間都奉獻給了這份新媒體工作。

當時對我來說什麼叫「專注」？

「專注」就是，一切對這份工作沒有幫助的事情，全都暫停。

看好書對我個人很有幫助，但短時間內不會對我的工作有直接的幫助；PPT、Excel相關的技能是很重要的職場技能，但對我的工作暫時沒有幫助；玩滑板可以讓我保持身體健康，但短時間內我的身體可以讓我保持高效工作的狀態；旅行可以讓生活更美好，但對我這份工作的直接幫助不大……這些事情都很有意義，但抱歉，它們都對我快速做好這份工作沒有太多幫助，所以我全都暫停，這就是「專注」。

這樣的結果就是，我一個月的進步可能抵得上跟我同等聰明的人三個月的進步，我一年的進步抵得上別人三年的進步，所以我只用了半年的時間，就從編輯晉升為新媒體營運經理，只用了一年半就獲得了內容副總裁的職位，這就是專注的力量。

但是，我特別討厭「一輩子只做好一件事」這種思維。

為什麼？

你的發展速度，取決於你能同時做好多少件事

一提到專注，我總能想起我看過的一部二〇一一年的日本紀錄片《壽司之神》。第一次看這部紀錄片的時候，我還在讀大一，看完後我感到非常震撼，滿腦子都在想：「我也必須找到那件我可以做一輩子的事，一生只做好這一件事。」

如今十年過去了，我不再堅持這種信念。

紀錄片裡有一段描述：「剛來店裡的學徒要先學習擰乾燙手的毛巾。訓練非常辛苦，不會擰毛巾的人就不可能碰魚。經過反反覆覆、年復一年的練習，學徒才有可能使用刀和料理魚，再過十年，方可開始煎蛋。」

我認為，這可以作為一種精神激勵大眾，但不適宜當作一種方法論推廣給大家，因為這是在造神，而神註定不會太多。

做一件事，你可以用兩年的時間從「零分」做到「九十分」，有必要再花二十年的時間提高兩、三分嗎？有必要用餘生之力再提高五六七八分嗎？從造神的角度來看，這些很有必要，那就將這些事交給一小部分的人來做就行。

對於大眾來說，最值得借鑒的只有前半部分，即在兩年的時間裡足夠專注，從「零

分」做到「九十分」。

做到九十分，然後呢？我建議你去做其他事情。

為什麼？**因為你的發展速度取決於你能同時做好多少件事**。

很多新媒體作者每個月就寫七、八篇文章，不做其他事情。為什麼我成立了公司，他們沒有？為什麼我賺得多，他們賺得少？因為我們每天的時間是一樣的，在同樣時間裡，我要兼顧寫原創文章、做寫作訓練營、準備新課程、營運知識星球社群、宣傳新書，還要管理團隊、拓展業務等。

如果我只能寫好文章，別的事情卻顧不過來，那麼我只能是一個作者。我能走到今天，比大部分人發展得好，一個很大的原因就是我可以同時兼顧做好很多事情。

很多「牛人」都有這樣的能力，比如有一個非常厲害的投資人叫沈南鵬，要參加一個上臺演講的活動，他只需要提早五分鐘到，坐下來臨時寫一個大綱，上去講半個小時，下臺之後他立刻趕往另一個會場，還可以繼續講新的內容，而且也不耽誤結束活動後跟同事開會確認專案。

之前有篇關於馬克．祖克柏的文章很受歡迎，其主要觀點就是：「你做事的速度，決定了你的人生高度。」

那麼問題來了：我到底應該專注於一件事呢，還是要同時兼顧很多事？這兩者不是矛盾的嗎？

專注成就效率，讓你能同時做好很多事

提到瓜子二手車，你會想到什麼？很多人都會記得那句：「沒有中間商賺差價。」這句品牌口號會在很多人腦子裡自動蹦出來，這樣的品牌效果離不開鋪天蓋地的廣告宣傳，之所以做鋪天蓋地的廣告宣傳，是因為瓜子二手車信奉「沸水效應」。

瓜子二手車執行長楊浩湧認為，他們的品牌行銷策略叫「沸水效應」——如果水沒燒到一百度，燒到九十五度就是浪費。

為什麼說是浪費？因為如果只燒到九十五度，只要不繼續燒下去，熱量就會減少；但如果燒到一百度，等水開了，只要維持小火不斷，就能一直保證水是沸騰的，用戶對品牌的認知也是同樣的道理。

注意，這段話背後有兩個意思：

第一，一開始你要專注，這樣才能把一鍋水燒至沸騰。

第二，水燒沸後，只要維持小火，水就能維持沸騰。

其實這就是專注所帶來的效果。

我在二〇一五年開始寫新媒體熱門文章，由於極其專注，只用了一年時間，我就把這鍋水燒開了，於是我每天只需要花很少的時間就能把工作做好，即開小火維持水的沸騰狀態。這樣，我每天就空出了很多時間，然後我開始做副業——講課。

因為有了大量的時間，同時做副業時也極其專注，我副業也做得很成功。這就是利用「專注＋沸水效應」，同時把兩件事都做得很成功的例子。

有段時間我在減肥，大家都知道減肥極其麻煩，會消耗時間和精力，我用什麼辦法呢？方法依然是專注。我幫自己定了一個二十一天計畫，在這二十一天裡，在不影響正常工作的前提下，盡可能地快速完成這件事。事實是，我健身、騎車、餐餐吃健康餐，只用了兩週的時間就把大肚子上多餘的脂肪給減掉了。

某一個週末，我兩天騎車總共騎了一百七十公里。跟我一起騎車的朋友說：「你不是很忙、沒時間嗎？怎麼還有兩天的時間出來騎車？」

我用沸水效應跟他解釋：「我就是因為太忙，沒時間天天想著減肥，那太浪費時間了。我幫自己設定了一個週期，在這個週期內增加每天減肥所投入的時間，快速完成減肥計畫。之後的日子，我要做的事就簡單多了，只需要『小火』維持即可。

我減肥的基本原理就是，假設減去一公斤脂肪需要消耗七千七百卡路里的熱量，人的身體每天消耗大概兩千卡路里的熱量，我在一個週期內，透過每天做大量的運動和吃低卡餐，讓肚子上的脂肪快速消耗，這就相當於這鍋水燒沸了。

在之後的日子裡，我只需要保持每天攝取不超過兩千卡路里的熱量，就不會再變胖了。這其實很簡單，幾乎不會再花費我過多的時間和精力。」

在我畢業後五年裡，我的發展速度一直算是同齡人中很快的，這其實有賴於我這種做事模式。還有一句很好的話可以用來形容這種做事模式，叫「各個擊破，分化瓦解」。

總之，**專注最大的秘訣在於學會放棄，因為專注是集中力量辦大事，但專注的最終目的不是只做一件事，而是提高效率後，能同時做好更多的事。**

思考

升級思維的目的是改變行動。
疊代了專注思維之後，你接下來最想改變與改善的行動是什麼？

第五節——變數思維：在相同規模的競爭中，能找到變數的人贏

人生是一場解題之旅，在解每一道題時，你都要有更多的資源，才能把題解得更好、更完美，而資源總是有限的，所以，一群人的解題之旅，就是這群人互相競爭的旅程。本節內容的核心就是一種變數競爭策略，高手都熱愛競爭，主動擁抱競爭。

我一直說用商業的眼光看個人成長，商業最有魅力的特點是什麼？我認為是變化。永遠有新入局者攪動現有格局，現有格局裡的每一個競爭者也從來不想保持現狀，每一個人都試圖做一點事情，從而讓自己往前走，挑戰最大的既得利益者，商業因此而精彩。一成不變的東西最沒有生命力，商業發展如此，個人發展也是如此。

變化靠什麼推動？答案是變數。

變數服務於少數人，即最早發掘它的那批人。一旦所有人都開始關注變數，它的變化紅利基本上就被瓜分得差不多了，這就是為什麼說「能找到變數的人贏」。

越是容易被看見的變化，越不是致命變化；越是能被看得見的對手，越不是真正的危險。

在常量競爭中，能找到變數的人贏

二〇一五年，在西班牙舉行的一場自行車比賽上，車手伊斯梅爾．埃斯特班．阿奎羅在距離終點只有三百公尺時，車輪不幸爆胎，但他並未放棄比賽，而是扛著車衝向終點。他身後的競爭對手奧古斯丁．納瓦羅原本可以輕鬆超越他，贏得銅牌，但他拒絕這麼做，而是主動減速跟隨其後完成比賽，從而錯失銅牌。

當兩人抵達終點時，觀眾爆發熱烈的掌聲。後來，埃斯特班想把獎牌送給納瓦羅，但遭到了婉拒。納瓦羅表示自己不想在快到終點時靠超越一個爆胎的對手取勝，這樣是不道德的。這段故事被廣泛傳播和歌頌，體現了可貴的體育精神。

我畢業於北京體育大學，有很多奧運冠軍、世界冠軍常年在我們學校訓練。我一直認為，體育是最注重公平的競爭行為，比如打綜合格鬥（MMA）比賽，草量級選手張偉麗就跟草量級的對手比。

我們在職場裡、商業環境中只有成敗一說，沒有絕對公平可言。別人扛著自行車用雙腿跑，你騎著自行車等別人，這不再是美德或體育精神的體現，你加速超越才是成功，甚至你找輛摩托車衝向終點才是成功，這種「不絕對公平」也是商業的魅力所在。

常量競爭非常艱苦，引入變數參與競爭，才是聰明的做法。我們做自媒體時，主要靠寫文章增加粉絲，但在推廣生活美學的「一条」公眾號創立之初，徐滬生十五天砸錢在廣點通[23]，就讓帳號有了一百萬的粉絲，這就是在常量競爭的同時找到變數。

從常量競爭中找到變數之後，你就可以不用跟競爭對手比常量了。

我在做新媒體編輯時，我們一幫人比的是誰一個月裡寫出最多10W+的文章，比到最後其實是差不多的，因為大家的寫作技巧、工作量都趨於相同，無非就是誰更拚命一點。我當時確實屬於最拚命的——下班不休息、週末不休息，不是在寫稿就是在選題，不是在寫熱點就是在找熱點。

在一年半的時間裡，日復一日地走來，我確實成了業內小有名氣的新媒體編輯，但

23 廣點通：騰訊開放的第三方廣告投放系統，可以在多個平臺上投放廣告，達到最大效益。

是我沒有真正勝出，我還是要一篇、一篇累死累活地寫稿子。直到有一天，我不跟大家比了，我去當講師了，這才算是勝出。

當我做講師時，我和其他講師比的是誰的課程內容好、誰的體力旺盛、誰更受培訓機構和學員歡迎。可是有一天，我突然不用跟他們比了，我自己創立了一個自媒體帳號，我有自己的流量了。

在知識服務的行業裡，有很多講得不錯的老師，可是他們沒有自己的流量，只能靠平臺工作。他們不能好好地掌控自己的前途，因為他們沒有足夠的話語權，這就是在常量競爭的同時找到變數，從而勝出的成長過程。

如果只盯著常量，就永遠找不到變數

變數思維的本質是一種競爭策略。多數人害怕競爭，因為競爭意味著搶奪，搶奪是一種讓人感到不甚舒適的狀態，但真正實現爆發式成長的人，都是從最殘酷的競爭中走出來的人。這還不是最重要的，最重要的是，競爭可以大大地激發人的鬥志。

淘寶第一主播薇婭，雖然從二〇一七年開始就創造了很多「第一」，但他也是透過競爭才坐穩了淘寶第一主播的位置。他從二〇一八年開始，每個月二十六日的直播排名賽一場、一場打下來，到二〇一九年才穩坐淘寶第一主播的位置，這就是競爭對人鬥志的激發。

薇婭二〇一九年持續穩坐淘寶第一主播的位置，但他對待排名賽的態度依然是「緊張到手心出汗」，為什麼？因為二〇一九年突然出現了一個強有力的競爭者——李佳琦。薇婭說，他怕李佳琦，也感謝李佳琦，因為李佳琦激發了他更強的鬥志。

問題來了，李佳琦是如何異軍突起和薇婭競爭的？答案是，李佳琦找到了變數。如何尋找變數呢？如果只盯著常量，就永遠找不到變數，你得轉移目光。

薇婭和李佳琦都做淘寶直播，當時，薇婭在淘寶直播已經是絕對權威的主播了，李佳琦如果去追薇婭，拚命在淘寶直播領域競爭，就是常量競爭，很難追上。

二〇一八年十二月，淘寶直播負責人趙圓圓被李佳琦的老闆邀請到公司，幫忙想想李佳琦應該從哪裡突圍。結論就是，李佳琦的定位應該是「全域網紅」，從淘寶外吸引粉絲，擴大影響力，再把粉絲帶到淘寶直播裡變現。

根據這個競爭策略，李佳琦成功地找到了一個變數——抖音。

李佳琦開始用超高頻率發抖音影片是在二〇一八年十二月二十三日，到二〇一九年「雙十一」，李佳琦的抖音帳號粉絲數超過三千四百萬，許多明星都出現在李佳琦的抖音影片裡。

這個變數的效果如何呢？二〇一八年「雙十一」，李佳琦的淘寶直播粉絲數不到一百萬，二〇一九年「雙十一」，李佳琦的淘寶直播粉絲數超過一千萬，一年翻了超過十倍。而薇婭呢？截至二〇一九年「雙十一」，抖音帳號粉絲數約兩百二十五萬，主戰場淘寶直播粉絲數約為九百六十七萬，薇婭被李佳琦超過了。

薇婭說：「我要感謝佳琦（和我的競爭），他真的替淘寶直播帶來很多流量，這幾個月我也增加了一、兩百萬粉絲。他對我也有啟發，就是對外部流量的使用。」

薇婭也開始「出圈[24]」，上綜藝節目、請明星來直播、與金・卡達夏連線。二〇一九年「雙十一」期間，我發現薇婭也在李佳琦還沒有重視的變數——公眾號上發力。

我是一個內容從業者，每天翻上百個帳號，翻很多文章看。我發現二〇一九年整個十月、十一月，大量標題中帶有「李佳琦」、「直播」、「帶貨」、「網紅」這些關鍵

24 出圈：中國網路用語，指某個明星、某個事件的走紅、發燒程度不僅在自己固定的粉絲群中傳播，而是被更多圈外的人知曉。

字的文章底部，薇婭都投放了廣點通。當時薇婭的公眾號頭條基本上都能到10W+，李佳琦的公眾號頭條瀏覽量則是在一萬左右。

所以，**競爭就是不斷尋找變數的過程，而在尋找變數時，一定不能盯著常量，要去開闢新戰場**。

關於這兩年爆紅的微博帳號，還有一個不得不提，就是李子柒。

李子柒也是「全域網紅」，截至二〇一九年十一月，他微博帳號粉絲數約為兩千零六萬，抖音帳號粉絲數約為兩千九百萬，B站帳號粉絲數約為兩百三十六萬，公眾號圖文基本上篇篇10W+。

問題來了，在這些平臺，用戶增長到一定程度也會遇到瓶頸，競爭也會加劇，那怎麼辦？還能有什麼變數？李子柒抓住了一個很多網紅都忽視的變數——「出海」，獲取全球影響力。

李子柒的團隊很早就在布局YouTube，截至二〇一九年十一月，李子柒的YouTube帳號訂閱數高達七百一十五萬，一支影片的點閱數高達七、八百萬，總點閱數超過三億。根據二〇一九年八月的資料，李子柒的帳號是YouTube中國區粉絲數排名第二的帳號，一年廣告收入超過四千萬。

李佳琦、薇婭、李子柒，他們尋找變數的方式都可以算是「同維度競爭，發掘新戰場」。

第二種尋找變數的方式是：找到新戰場，重新選擇競爭對手。

競爭不是目的，真正的目的是自我成長，縱情向前。你透過變數重新選擇競爭對手，同時甩掉原競爭對手，也是非常好的方式，在個人成長上，很多人都用這種方式。

我從一個新媒體編輯成長為新媒體講師，實際上就是透過不跟新媒體編輯競爭的方式甩掉了他們，因為我「升維」了。我從一個職業新媒體講師成長為一個創業者，創立團隊、營運公司，實際上用的也是這種方式，即找到變數，升維競爭。

第三種尋找變數的方式是：拓展品類，重新定義競爭方式。

這裡又分兩種，我拿我的工作範疇來舉例。

我有一項工作內容是教寫作，第一種方法是，大家都在教寫作，教學方式是使用音頻課程，我們比誰的音頻課程品質更好，付費人數更多。

這是一場常量競爭，這樣競爭很累，那我就重新定義競爭方式——你出音頻課程，我也出音頻課程，在這個基礎上，我還出寫作的書，拓展寫作訓練營活動，營運寫作社群，我用四個品項打你一個。

第二種是，大家都教寫作，我出了四個寫作產品，你發現這招好用，你也都一一模仿，我們又變成常量競爭了，這樣又很累。我再重新定義競爭方式——我拓展大品項，在寫作課的基礎上出思維課、讀書課、溝通課與學習課，用這樣的多元方式跟你競爭，這樣根本不怕你了。

所以，個人的發展也是不斷尋找變數的過程，而且這個變數最有效的時候，一定是你先找到並且首先開始的時候。因此，尋找變數這件事，你應該是「永遠在路上」。

這些不是紙上談兵的空想理論，每一個我都在實踐，證明它們都是行之有效的，我希望所有思維都能落實在行動上。

留給成長培育變數的時間

有一次塞車，我和一個滴滴司機聊了一小時，他月薪六千元，但真正讓他焦慮的不是月薪六千元，而是再過兩、三年，他大概還是這樣。

為什麼呢？他每天早上七點出來接單，晚上十一點回家，一天工作十幾個小時，一個月休息三、四天。這份工作可能會讓人絕望，因為他在工作和生活裡沒有時間去培育變數，再過兩、三年，他還是只會開車，實際上他已經開車七、八年了。

大家不要覺得這是別人的故事，實際上我們大多數的人，在某種程度上都是這個滴滴司機。

我們每天忙得要死，早上八點多出門，晚上十點多回家，累得洗漱完倒頭就睡，明天又這樣重複一天，後天又這樣重複一天……日復一日沉浸在每天的忙碌中，甚至週末都是如此，忙到連認真讀幾篇好文章的時間都沒有，忙到連上一個小時的線上課程都沒有，忙到想在週末精進一下某項能力、某項技能的時間都沒有，這樣的我們跟一天開十幾小時車的滴滴司機有什麼區別？

這就是為什麼大多數人兩、三年過去，基本上沒有什麼成長。

廢掉一個人最隱蔽的方式，就是讓他忙到沒時間成長。

要想持續成長，就要始終留給自己培育變數的時間。

我之前的一個助理經常加班到很晚，週末也來公司工作。我對他說：「你一定要控制好自己的工作節奏，不用推進得太猛，每天早點下班，週末也不用這麼拚。你空出來的時間，除了用於休息，還可以用來自我成長。

比如，你的工作需要寫東西，那麼你必須保證每天都能拿出固定的時間學習、閱讀、聽課，甚至要將這些事變成強制性的學習，讓它們變得跟你的工作同樣重要，甚至你上班時間做這些事也沒關係。」

我寫作近五年，為什麼越寫越好，靈感永不枯竭，永遠有新東西可以寫，永遠能提出新觀點？因為每天晚上十二點之後，有一段時間幾乎是我雷打不動的學習時間。不管當天多累，這個習慣我都沒中斷。我個人的成長也是這樣，在常量這方面穩步發展的同時，不斷做能產生變數的事情。

二〇一八年年初我辭職創業，二〇一九年六月開始擴大團隊，到二〇一九年十月，整個團隊有十二個人。但我發現，業務變多，團隊並沒有解放我的時間，反而讓我每天忙得焦頭爛額。

有段時間，我在寫一個一千字的小分享時，竟然想了兩個小時都沒有寫出來，我意識到不能再這樣下去了，否則我的知識和能力儲備量要被掏空。最重要的是，這樣做下去，我們公司明年沒有新產品，不論在個人成長還是業務發展上，我都沒有培育變數的時間。

當時我就決定，一方面要加強培訓，讓新人可以盡快獨立自主地完成工作，另一方面，在接下來徵人時，要捨得高薪徵人，聘僱成熟、不用讓我太操心的人，甚至能幫我帶團隊的人，這樣我才有機會做新的課程，同時我也有時間充電學習，這才是長久之計。

希望每個人都透過變數思維學會競爭，持續成長。

思考

升級思維的目的是改變行動。

疊代了變數思維之後，你可以思考一下，在過去一年的成長過程中，你有沒有在培育變數這部分上留下足夠的時間？有沒有稱得上「培育變數」的事？接下來的一年，你將怎麼製造變數、持續成長？

第3章
透過現象看本質

撥開迷霧，穿透表面，
回歸一切成長的問題本質，
掌握破解成長困局的底層思維。

第一節——真實思維：沒有實際回饋，就沒有增強回路

一天讀一本書並不厲害，因為你可能只讀了三天就沒有繼續堅持了。一週讀一本書，持續不間斷讀了一年、兩年、三年，才是真正「可怕」的人。**成長，比拚的不是瞬間爆發性，比拚的是持續性和穩定性，**所以我們宣導的理念是持續成長。

為什麼有人能持續成長，有的人只能成長一段時間？這不是自律、不自律的問題，而是能否得到持續推動你前進的動力的問題。注意，這個動力與回饋一定要是真實的。

沒有增強回路，就沒有持續成長

什麼是增強回路？下面說一個偉大的公司——亞馬遜的增長故事。

亞馬遜有一項核心業務——九十九美元的Prime服務，即會員服務。成為會員後，所有商品免運費，部分商品可在當日送達，甚至有的東西可在兩小時內送達；會員可以免費看平臺上大量影音、免費聽大量音樂、免費閱讀一部分的書籍和雜誌。

一旦成為會員，用戶就會提高消費；消費越多，平臺就可以引入更多商品，同時將商品賣得更便宜，然後，更多的消費者就會被便宜、品項豐富的商品吸引，購買亞馬遜九十九美元的會員服務。

二〇一七年的資料顯示，亞馬遜的會員已經超過六千萬，每年光是會費這一項收入就超過六十億美元。購買會員的人越多，大家消費的頻率和額度就越高；消費的頻率和額度越高，亞馬遜對供應商所壓的價就越多，商品品項也越多；亞馬遜壓價越多，客戶獲利就越多，選擇也越多，購買會員服務的人就越多，這是亞馬遜二十多年蒸蒸日上的重要推動力，即亞馬遜的增強回路。

所謂增強回路，就是一件事的「因」能夠增強「果」，「果」得到增強後又反過來增強「因」，因果無限循環，構成增強回路。任何一個系統，只要構築起一條增強回路，系統就能自動擴張、持續增長。

百因必有果，我們都知道因果關係鏈，因果關係鏈是從因到果的一條線段。增強回路實際上就是讓無數的因果關係鏈形成封閉循環，封閉之後這個循環開始運轉，就分不清因果了，因也是果，果也是因。

好看的人，一定會越好看，因為每一次別人說他好看，好看在他心中的重要性就又提升了一點點，他就會越重視自己的打扮。

同理，有時候不是越胖的人越有動力減肥，反而是越瘦的的人越有動力；不是越矮的人越喜歡穿顯高的衣服，反而是越高的越喜歡穿；不是越窮的人越愛學習，反而是越有錢的人愛學習……增強回路解決了持續動力不足的問題。

沒有實際回饋，就沒有增強回路

在做一件事時，你能啟動增強回路，有一個非常重要的前提，那就是你可以收到真實的回饋。下面舉一個案例。

做慈善很困難，比經商還難。商業和慈善業最大的區別就是，商業有增強回路，慈善業沒有。為什麼？因為經商有實際回饋，做慈善沒有。

打個比方來說，一個商人開了一家蘭州拉麵館，拉麵的定價為一碗二十六元。你到這家麵館吃拉麵，吃完後，要麼你覺得好吃，以後還會再來，甚至會推薦給朋友；要麼你覺得很難吃，以後不會再來，甚至還要告訴朋友別來。這個商人要根據這些真實回饋改善生意，要是很多人覺得難吃，不想再來，他就要提高食物的品質，這就是經商。

有個人透過開蘭州拉麵館做慈善，免費煮麵給大家吃。今天過來吃的，只要覺得不難吃，基本上之後還會來吃，畢竟免費嘛。於是開麵館的人收不到真實的回饋，服務好不好、口味好不好，他都不知道，但這也不影響大家每天來這裡免費吃，這就是做慈善。

再打個比方，你給十個人每人一百萬，讓他們去做生意。一年後，你大概就知道誰比較會經商，以後就可以重用他，這就是經商。

如果你給十個人每人一百萬，讓他們去做慈善。一年後，你不知道誰最會做慈善，只知道他們都把錢花完了而已。而且，你很難有一個標準，不知道怎麼行善是最有效率的，而透過商業手段行善，你就可以知道。

於是人們意識到，僅僅以做慈善的方式做慈善，必定是效率極低而且失敗的，所以現在大富豪們都在做商業慈善，因為透過商業手段做慈善，能提高行善的效率。

比爾．蓋茲、馬克．祖克柏等富豪的慈善基金會，本質上就是像商業機構一樣去運作的。據說，耶魯大學的校產基金中有一半來自捐贈，這些透過捐贈得來的錢由大投資人大衛．史雲生運作，他管理耶魯兩百六十多億美元的校產基金，這些錢不能都直接拿去用，也要商業化。比如他們一直在做投資，而且戰績頗豐，過去二十年，基金保持著兩位數複合年均增長率。

個人成長也是如此，沒有實際的回饋，就沒有增強回路。

我剛進入新媒體行業時，我所在的公司還沒有澈底轉型為新媒體，公司的內容組之中有一半是傳統媒體人，他們每月會做一期雜誌；另一半是新媒體人，做公眾號相關的業務。

新媒體人成長普遍快於傳統媒體人。新媒體編輯發在公眾號上的每一篇文章，都能收到即時的回饋，包括有多少人看、多少人按讚、多少人留言、多少人分享、多少帳號轉載。每收到一次實際回饋，新媒體編輯就可以分析回饋、提升自我，這就啟動了增強回路。

傳統媒體人寫完稿子，稿子印在雜誌上就完事了。

多少人買這本雜誌是因為他的那篇文章？他不知道。買這本雜誌的人中，有百分之多少的人看了他那篇文章？他不知道。看過他那篇文章的人中，有多少人喜歡？他不知道。

實際上，傳統媒體人一篇、一篇地寫，但幾乎收不到任何實際的回饋，也就無法啟動增強回路。

我的寫作課講的都是公開寫作，如果你想提高寫作能力，我堅決反對你在家自己寫、自己看且從來不發表，那樣的話，你永遠得不到真實回饋，進步一定極其緩慢。

有個學員參加我的寫作訓練營，最後在比稿大賽中進入前五名。

他說好不容易憋出稿子並把它交給助教，沒過多久就收到助教長長的修改批註和留言，他內心很崩潰，自信心嚴重受到打擊，但覺得建議都是對的，就一點、一點按照要求改。

他改完並繳交之後，毫不意外地又收到了助教長長的語音留言。助教花了兩個小時看書、查資料，幫他指出可以在文章的哪一部分加入哪些素材，就這樣，他又認真改了一遍。等到確認自己進入比稿大賽前五名，要把文章發在我的公眾號上之後，他又收到助教的消息，得知文章還要改。

這篇稿子從初稿到最終發表改了七、八稿，他覺得很痛苦。但是經歷這個過程之後，他的寫作程度提高了很多，因為他不斷收到來自專業助教的實際回饋，根據建議將文章改得更好，接著得到更高水準的回饋，然後改得更好。

很多人的寫作進步很慢，就是因為他們沒有公開發表，一直得不到最真實的回應。他們要麼是只給自己看，自我感覺良好，犯過的錯誤依然繼續犯；要麼就是只給自己的親朋好友看，親朋好友看了之後，很可能會盲目鼓勵，說寫得真好，也很可能會盲目打擊，說寫這有什麼用，又當不了作家。總之，很多人收到的都不是實際的回饋，也就無法持續提升寫作能力，啟動增強回路。

走出自我意識，走進真實世界

二〇一九年十一月，在一個自媒體從業者的聚會上，大家討論著當年的自媒體廣告環境。有個朋友說了一個很真實的例子：「有家公司每個月有五百到一千萬元的廣告預算，九月削減預算，當月五百八十萬的預算砍到五百萬元，結果非常神奇，他們的營收並沒有下降。」

我們在做很多事情時都很盲目，因為我們沒有盡可能地發現真相。如何盡可能地發現真相？方法就是，走出自我意識，走進真實世界。

我的助理在營運第一期寫作訓練營的時候，有不少問題和困惑。這是因為在那個階段時，他被困在了自我意識裡，沒有發現真相。

比如在籌備期，他頻繁地跟我說：「很多人覺得實作難度太高，每天要花兩個小時以上做作業。要不我們把作業難度降低到只需要花三十分鐘就能完成？很多人覺得在這二十一天當中，每天都有作業，這種訓練強度太密集了。要不然我們中間休息一、兩天？」

每次我都會反問他：「很多，很多，到底是多少？有幾個學員跟你反映了？」

他經常回答：「這幾天至少有五、六個學員跟我說了。」

我說：「我們一期訓練營有三百多個學員，五、六個學員向你反映，這個比例非常低。三百多個學員裡，覺得作業強度可以接受的人，根本不會跟你討論這個問題。只有覺得這種強度有問題的學員才會過來找你討論這個問題，從而加重了你的自我意識。」

他該怎麼辦呢？他應該走進真實的世界。我讓助理設計了一份調查問卷，讓他把問卷發給所有學員，結果大家都希望作業可以多一點、強度可以大一點，因為大家就是來學習的，希望能多做一些。

現在，那個助理已經成為我的合夥人，在每一期遇到問題時，我們都會深入學員進行調查，以此解決問題，所以我們一起做了十幾期寫作訓練營，一期比一期效果好。

得到實際回饋，是為了對抗調節回路

什麼是調節回路？成長的結果是符合人性的，看見成長就會提升成長意願，但成長的過程是不符合人性的，學習和訓練都是很苦、很累的，所以人經常會出現放棄的行為，這就是調節回路。

很多人以為，自己經常想放棄是不正常的，其實那才是真實的回應。

創業者最重要的事情之一，一定有一件是徵人，也就是找到一個厲害的人。如此一來，創業者就會解放自己一部分精力，就有時間找更多厲害的人，這就是增強回路。

但是很多創業者會被調節回路打敗，比如我創業後第一次公開徵才，收到了約五十份履歷，只有五個人得到面試機會，最終錄取了兩個。一開始我都絕望了，心想徵人有這麼難嗎？我的公司這麼沒有吸引力嗎？然後我就有點消沉。

我去問了很多有經驗的創業者之後發現，這個面試比例、錄取比例是非常正常的，而且還比很多公司要好，這才是真實的狀態。所以我對抗了調節回路，繼續徵才，到現在團隊越來越成熟，我在建立團隊這件事上也啟了增強回路。

得到實際回饋，是為了對抗落後回饋

有的學員跟我學寫作，卻感到非常焦慮，比如：

「我寫作業都要花兩、三個小時，是不是真的不適合寫作？」

「我寫一篇三千字的文章要花一天時間，是不是太慢了啊？」

「我堅持寫了半年，感覺寫作還是很難，怎麼辦？」

我說：「這些問題都不是問題，出現這些問題都是正常的，你們沒必要焦慮。百分之九十的學員寫作業都需要兩、三小時，你的情況是正常的；百分之九十五的新手認真撰寫一篇文章都得花一天的時間，有的人花了一天還完成不了。

大部分寫作者，寫了五年、十年，甚至一輩子，都不覺得寫作是件容易的事情。寫作從來都不是一件輕而易舉的事，寫作註定不是一種可以在一個月之內速成的技能。所以你想持續進步，就要對抗落後回饋，這就和減肥一樣，你要持續做下去，才能啟動增強回路。」

若要啟動增強回路，就一定要走出自我意識，要得到實際回饋，有以下四個要點：

一、心態上要能接受真實、擁抱真實，真實是最有力量的回饋。

二、要看清真實的結果，走進真實的世界，清醒思考，接近真相。

三、凡事要盡可能地正確歸因，錯誤歸因會讓你離增強回路越來越遠。

四、得到實際回饋，可以在最大限度上對抗調節回路和落後回饋。

發現一個變數，會讓你在短時間內快速成長；找到一條因果關係鏈，會讓你完成階段性成長，只有找到一條增強回路，才能讓自己持續成長。而要啟動增強回路，就一定要找到正向的實際回饋，這是成長的基礎推動力。

思考

升級思維的目的是改變行動。

疊代了真實思維之後，你可以思考一下，在哪些方面，你因為收到了正向的實際回饋而做到了持續成長？在哪些方面，你缺少實際回饋？

第二節——結果思維：拿不到結果的高效，是最大的懶惰

什麼是人才？人才不是有苦勞的人，而是有功勞的人。

前者比較注重「我做了多少事情」，後者更著重「我拿到多少結果」。所以，人才就是能交付結果的人。

拿不到結果的高效，是最大的懶惰

很多人認為自己做事效率高，比如：

「我今天上午打了一百通銷售電話。」

「我這週完成了二十家企業客戶的拜訪。」

「我每天聽三節寫作課，每日更新兩千字。」

「我今年讀了一百本書。」

「我每天工作十五小時，學習到晚上十二點。」

這些事是應該做的嗎？

做是應該的，不做也是應該的，只有拿不到結果才是不應該的。

既然結果是最重要的，那麼你更應該問的是：

「我今天的銷售額是多少？」

「我這個月搞定了幾家客戶？」

「我這個月寫作水準提升了多少？」

「我這個月讀書、學習的成果是什麼？」

「我掌握了多少知識？我學會了什麼技能？」

如果對這些問題避而不談，那麼你在做這些事情時越高效，就會越懶惰。**你不關心真正的目標，最終只不過是自我感動。**

我的公眾號「@粥左羅」經常出現一些原創熱門文章，很多公眾號的編輯想轉載，就過來申請授權。最初我創了一個微信群專門提供大家授權，後來微信群越來越多，到二〇一九年年初，這些微信群有了上千個帳號。

每次有爆紅文章出來，我們都要授權給幾百個公眾號，我們的營運人員每天授權好幾次，工作效率很高。但這樣的工作效率不是我想要的，我要的是結果效率。

怎樣算是工作效率高？你一整天不停地授權，動作很快，一天能授權三百個帳號，這就是工作效率高。

但是它的結果效率不高，為什麼？讓其他帳號轉載的目的是什麼？目的是提高我們文章的影響力，促進我們帳號的用戶增長。

你一天花那麼多時間授權三百個帳號，可能有兩百八十個帳號轉載過去，瀏覽量卻只有一、兩千，甚至只有幾百、幾十次。

每一個帳號都是不一樣的。有的規模大，很多粉絲百萬、千萬的大號把我的文章轉載過去都能獲得幾十萬的瀏覽量，幫助我們大量曝光，也讓我們增加了不少粉絲，如果能及時提供服務給這些公眾號，我們的結果效率就高。

我們幾個微信群一般是每天授權兩次，第二次是在下午六點，經常有百萬大號晚上十點多找我，讓我授權，說錯過了開放授權的時間。

嚴格按照授權時間和流程，平等服務所有帳號就是公平嗎？不是。

只有區別對待，才是公平。

在發年終獎金時，每個人都發兩個月是最大的不公平。公平就是，做得不好的不發獎金，做得一般的給兩個月，做得很好的給三、四個月都可以，這才是公平。

所以，我讓負責營運的同事建立了一個VIP授權群組，目的就是即時且高效地服務那些轉載一次瀏覽量至少能有五千的帳號。

經過那次，我們的營運同事就做得很好了，他每次都會優先授權給VIP群組裡的帳號，而且會二十四小時服務這個群組，無論對方帳號什麼時候申請授權，他都會提供服務。同時，他自己也做了很多我沒有指派給他去做的事，比如自己寫轉載推薦話術並分享給大家，主動鼓勵大家轉載我們的文章，還把過往的熱門文章整理在一起，方便大家查看、轉載。

為什麼？因為他知道我們最終想要的結果是什麼，所以在做這些動作時，導向最終結果以提升效率。

二〇一八年三月，我一個人開始創業，到二〇一九年十一月，我寫了近百篇文章，公眾號用戶近五十萬人，付費社群用戶近八千人，我寫了兩門線上課的內容，講了近三十天的實體課程，出了兩本書，做了八期訓練營，把團隊擴展到十個人。

很多人問我是不是一個超級自律的人。其實我不知道自己算不算自律，我的日常工作毫無規劃，排程也是一塌糊塗，我的興趣點轉移得非常快，生活作息也是一團糟，從辦了健身房會員到健身房倒閉，我就只去了兩次。但是有一點我跟別人不一樣，對於我想要的東西，我一定會想盡各種辦法得到它。

如果說我是自律的，那麼我應該是一個結果自律的人。我從不問自己是否足夠努力、每天工作多少時間、有多拚命。對我來說，這些都是形式，容易讓人自我感動。我問得更多的是——我要怎麼拿到結果？

職場上，努力的人大有人在，但能做出成績的人不多。實際上，拿不到結果的高效就是最大的懶惰。

每個人下班時都可以問自己一句：「我在公司待了一整天、十小時甚至十二小時，我達成了什麼目標？拿到了什麼結果？」

每個公司都不會因為一個員工工作時間長、工作量大給他高薪水，一定是因為他拿到了更多結果，才給他高薪水。所以，**我們要為過程奮鬥，為結果買單。**

人的成長也是如此，不要自我感動，不要自我安慰。很多人不敢勇敢面對結果，因為拿到結果是最難的，但自己是否獲得了成長是騙不了別人的。

學會區分手段和目標，別把手段當目標

很多公司經常舉辦各種大會，每次的大會，團隊高層都會費盡心思做一些周邊禮物，費盡心思拿預算，費盡心思計算怎麼樣才能讓性價比更高。我非常想對相關負責人說，別算了，省省吧！你送出去的東西，別人還沒到家就扔到垃圾筒裡了。

有一次，我去一家保險企業講課，離開前他們送了我一個小袋子，裡面有個行動電源，我看到那個行動電源後覺得很無奈。小小的行動電源，一面印著「××保險」四個大字，還有一個毫不吸引人的企業Logo，這還不夠，行動電源的另一面還印著公眾號QR碼。我心想：「你送我這個幹嘛？我好意思拿出去用嗎？」我給誰誰都不想要，只能扔到垃圾筒。

我創業後租了一間共享空間的辦公室，租完後，工作人員送來四個類似電腦包的東西，上面印著設計醜陋的企業Logo。這還不是最重要的，最重要的是包包的用料無比劣質，放在辦公室兩天，我們感覺要被它們熏死了，於是通通都丟了。

說實話，你不送這些東西，一點問題也沒有。你送了，又不送好的東西，反而讓大家無端地對你留下負面印象。不花錢沒事，花了錢最後效果卻是負面的，傻不傻？

為什麼會出現這種情況？因為執行這件事的人把手段當成了目標。

我做寫作訓練營時，幫學員訂製了一款杯子，一方面是為了感謝學員、回饋學員，另一方面當然也希望大家收到後拍張美美的照片、發則朋友圈，增加我們的曝光量，提升我們的品牌美譽度。

設計師做了兩款，一款很漂亮，但是我們的 Logo 不明顯；另一款 Logo 很顯眼，但是不太好看。怎麼選呢？當然是選漂亮的。如果你無法打動大家，大家不拍照發朋友圈，你的 Logo 再顯眼有什麼用？

所以，很多公司的老闆跟員工說：「我們要辦一個活動，你去作一千本筆記本。」員工回答收到，然後去做筆記本了。

實際上很多員工並不知道老闆想要的結果是什麼，老闆想要的結果是做一千本筆記本嗎？肯定不是啊，那只是一種手段。如果拿到你做的筆記本之後，大家既不會拍照發朋友圈又不想用，直接把筆記本扔到垃圾筒裡，那麼你做了有什麼用？

怎麼檢驗能否拿到結果？其實很簡單，你只需要把自己想像成對方，問問自己：「我做的這些東西，我自己願意拿來用嗎？自己企業的員工願意用嗎？我願意將這些東西送給家人、朋友嗎？我發的這則朋友圈訊息有格調嗎？」如果你的回答都是否定的，你就要重新思考，總不會大家都比你傻吧。

在工作中，你要學會區分手段和目標

比如做競品分析只是一個手段，你要拿到的結果是，透過分析競品做出更好的產品或方案；聯絡公眾號只是手段，不要說你今天跟二十個公眾號聯絡，你要拿出的結果是今天談成幾個推廣，預計轉化率是多少；讓你通知大家開會，不是把通知發出去就結束了，你要確認哪些人能參加、哪些人不能參加；讓你請客戶吃飯，不是吃完飯就結束了，真正要的結果是解決問題。

很多人談管道、做銷售，一個上午打兩百通的電話，這不是最重要的，你搞定了五個客戶才是真正的目標。

你從打第一通電話開始，就要在心裡默念「搞定他、搞定他」，而不是「打完，下一個；打完，下一個」，這樣的行為不就跟行屍走肉一樣了嗎？

成長中也是如此，很多人會把手段當成目標。比如有人給自己設定「今天晚上十點到十二點，這本書一定要讀完四十頁」，在那兩個小時裡，他的行為導向就是「讀完」。

如果他發現一個半小時了才讀了二十頁，那麼在接下來的半個小時裡，他就會人為加速，根本不管閱讀效果，「在半小時內讀完剩下的二十頁」就成了行為重點。

這不是跑偏了嗎？他真正的目標，應該是「閱讀↓吸收↓成長」，而非「讀完」。

不以行動結束為目標，以拿到結果為終點

我有個寫作課學員，他問：「粥老師，我認真聽了你的寫作課，在這個過程中也認真思考了，為什麼感覺還是不太懂新媒體寫作？」

我說：「你再聽一遍，再琢磨一遍。」

過了一個月，他又問：「粥老師，我花了很長時間又學了一遍，學完第二遍之後，明顯好多了，確實學到了很多。但是我在動筆寫文章時，還是覺得很茫然，我該怎麼辦？」

我說：「你在選題時，再把選題相關的課程聽一遍；你在寫標題時，再把標題相關的課程聽一遍；你在建構文章框架時，再把框架的課程聽一遍。把學到的立即用在實踐

上，如果實際操作中出現問題了，那就再看一下。」

練習，就是「訓練＋學習」。

過了兩個月，他非常開心地對我說：「感覺自己開竅了，寫文章很有感覺了。」

所以，你在聽一門課時，到底應該怎麼聽？

認真聽、邊聽邊思考是很好。但是如果你聽完一遍後沒學好，這次學習就不應該結束，你應該以拿到結果作為這次學習的終點。

有些我覺得很有用的課，我都會聽三遍以上。書也是，我會反覆地看，直到我領會作者在書中所要表達的精髓，並能將之用於實踐，不僅學習如此，做任何事都是如此。

我有一個萬人成長社群，有一次我發起了一個主題活動——「遇見你們，我的改變」，讓大家寫寫自己加入社群之後的變化。我們計畫拿出兩萬元現金用來獎勵一部分的成員，最後還要在微信群裡辦一場頒獎活動。

結果我們的營運人員不知道怎麼設計這次的活動，以為把獎項發出去就完成任務了，這就是以行動結束為目標。

後來，我們的合夥人教他設計活動，要拿結果，他該怎麼做呢？你把獎項發出去了，這就是一個行銷事件，可以用來宣傳我們的社群。既然這樣，你就要考慮後續的傳播，而不是把獎項發出去就結束了，那後續傳播要做什麼呢？所以你要設計海報、設計頒獎流程、引導大家發言，並且在這個過程中儲存很多圖片。

我們開頭說了，人才，就是能交付結果的人。我見過的所有牛人，目標感都很強，一旦定下目標，就全力以赴去拿到結果，而不是把該做的都做了就完事了。

二〇一九年十一月，我們的第七期寫作訓練營招生不太順利，營運人員說，再在一個公眾號上推廣一下吧，我拒絕了。

我為什麼不再推一次？原因很簡單，上次用一模一樣的文案做推廣，也就轉化了二十個，那我再推一次，意義何在？所以我就不推了，那個營運人員可能覺得，該做的事情也做了，而且準備的時間太緊湊，結果也就那樣好了。

結果距離推廣結束還有五天的時候，我的營運合夥人又非得爭取在公眾號第二個圖文的位置上推廣；第二天，他發了一篇學員寫的文案繼續推廣，然後找人幫忙推廣，並把海報傳到公司群裡，請求所有同事幫忙分享。

結果呢？本來註定無法完成的目標，最後竟然完成了，還超乎預期，他在四天的時間裡吸引了八十四個人參加。這就是能拚盡全力交付結果的人，也是為什麼他能成為我的合夥人。

希望從今天開始，**我們都告別自我感動，停止盲目行動，做一個能盯著結果行動、拿著結果交付的人。**

思考

升級思維的目的是改變行動。

疊代了結果思維後，請思考一下，在工作或學習中的哪些方面，你經常錯把手段當目標？在哪些方面，你只走過場，忘了追求結果？要如何改進？

第三節——激勵思維：人被什麼所激勵，就會為什麼去賣命

激勵機制是查理．芒格非常推崇的思維模型，他說：「每個人都以為自己完全明白激勵機制和懲罰機制在改變認知和行為方面有多麼重要，但其實往往不是這樣的。」查理．芒格認為，該考慮發揮激勵機制的威力時，千萬別考慮其他。

驅動，最有力量的方式是激勵

你是一個老闆、主管，你要讓員工幫你做事；你是一個員工，你要讓同事幫你做事；你想推動一個專案，希望得到合作夥伴的支持；你在一個社群裡，希望得到更多人的擁護；你希望那個女孩喜歡你；你希望在朋友間更受歡迎；你希望用戶一直追蹤

你……這些，都是你在試圖讓別人按照你的意願行事。

什麼樣的方式最有效呢？答案是激勵對方。

物質激勵是很重要的激勵，明星餐飲企業「西貝」的創辦人賈國龍深諳此道。二〇二〇年疫情之前，賈國龍一直說，西貝不會上市，而且是永遠。為什麼？過去他和高階主管經過討論後認為，對西貝的發展而言，人的作用大於資本的作用。因此企業在分配利潤時，要傾向於分配給人，而非分配給資本。

賈國龍夫婦每年把自己分紅百分之五十以上用於員工獎金，同時要求年收入超過一千萬元的高階主管，要從超過一千萬元的部分中拿出百分之五十用於激勵團隊成員。對於基層員工，西貝的策略是行業平均薪資為五千元，西貝給六千元，再給他賦能[25]，讓他創造出七千元的工作效率。

我最初進入新媒體行業工作時，用了一年半的時間讓自己飛速成長。不可否認，其中一個原因是當時的激勵機制大大地激發了我的潛能。

那時候，我剛畢業一年，在北京住地下室，也還在談戀愛，賺錢是我很大的動力。

---

25 賦能：指透過學習、參與、合作等過程，瞭解自身潛能，提升個人能力，強化自我價值。

當時寫稿子有稿費、有閱讀流量分級獎金、有個人傑出貢獻獎金、有團隊傑出貢獻獎，當時我拚命工作，拿遍所有的獎金，這個過程中我進步飛速，也為公司創造了很好的業績。

晉升也是一種有效激勵。清華大學的寧向東教授說過一句話，大意是企業組織中，員工大都有爬梯子、出人頭地的渴求，有追求晉升的動機。

寫作訓練營是很重的服務模式，營運團隊人很多。考量成本，我們無法都用全職人員，而是用兩個全職人員帶著幾十個兼職人員在做，幾十個兼職人員分布在全國各地。實際上我們是很難管理他們的，加上兼職人員薪水不高，所以我們將晉升作為重要的管理和激勵手段。

優秀學員有機會成為班長，班長再往上可以申請晉升為連長，連長做得好可以當班主任，班主任做得好可以當營運長。如果基層人員走專業能力晉升路線，可以逐步晉升為助教助理、助教、點評嘉賓。很多時候，這種晉升比金錢更能激勵人。

如今在知識付費行業，營運社群的做法很流行。營運社群其實也是要靠激勵的，金錢的激勵是一種，設置等級和晉升機制也同樣重要。成員越多，這種激勵的效果越明顯。

查理．芒格認為，也許最重要的管理原則，就是制定正確的激勵機制。

激勵思維在平時的工作和生活中還有什麼用法？我認為，你可以用它來激勵別人、讚美別人，讓別人變得更美好。總之，你要願意做一個點亮別人的人。

在我的知識星球社群裡，有一種人特別受歡迎，那就是經常讚美別人的人。有些學校和家庭採用打壓的教育方式教育、培養孩子，我就是這樣長大的，有時候覺得自己已經盡力了，但爸媽覺得我做得還是不夠好，幾乎不會直接稱讚我，像我這樣在自卑中長大的人很多。

我們的人生中常常缺少讚美，而同時，缺乏自信教育的我們，通常不喜歡開口對別人說一句：「你很棒！」好像越是稱讚別人，就顯得自己不夠優秀。正是因為這樣，一個善於真誠讚美別人的人，通常會很受歡迎。

在關鍵節點，真誠地讚美別人、激勵別人，有時會讓被讚美者終生難忘。

如果你有過這樣的經歷，你就知道這種力量很強。你不經意的一句鼓勵，可能讓對方開心一整天，鼓勵他的人多了，他會更自信、更優秀。

海底撈的張勇回憶年輕時的創業經歷，他說他第一次嘗試創業時，有個商人很認真地告訴他：「小夥子，我覺得你將來一定能成大事。」這句話讓二十一歲的他無比激動，直到二十年後，他還清楚地記得。

在我的職業生涯中，我非常感激一位主管，他是之前我所在的公司的總裁，並不直屬於我，我們之間還隔著幾個層級。但他很欣賞、很關注我，我寫了一些文章後，他經常走到我辦公桌旁跟我說幾句話。

有一次我加班到很晚，他主動開車送我回家，中間還停下來請我在一家他常去的餐廳吃了一頓飯。這些都讓我覺得自己得到了很大的認可，我內心很開心，也更願意努力了。不過，他對我最大的激勵還不只上面這些，而是有一次他把我叫到辦公室，談談我的發展。我自己不是很有自信，但他非常看好我，他說：「你跟別人不一樣，你不能要求自己以別人的速度進步，你要跑得再快一些，你要想想你粥左羅要成為一個什麼樣的人。」

我一直是缺乏自信的，經常把事情做到九分，但自己覺得是七分，在別人那裡幫自己的表現打的分數則不到六分。這位主管激勵了我幾次，對我幫助很大。他慢慢地讓我相信，我就是跟別人不一樣，我本就該比別人進步得更快。

如果你經常真誠地讚美你的同事，他一定更願意配合你；

如果你真誠地讚美你的合作夥伴，他一定也能感受到你的魅力；

如果你周圍的朋友都是在拚命地炫耀自己，而你選擇當一個願意讚美朋友的人，你一定更受歡迎；

如果你喜歡誰，就要勇敢、直接地讚美對方，因為人更喜歡那些喜歡自己的人。

這些都是激勵思維的魔力，你要成為一個善於點亮別人的人。

你在點亮別人的時候，同時點亮了自己。

驅動自己，最有力量的方式是激勵

我們的一生常常在驅動別人，也在驅動自己。驅動別人靠激勵，驅動自己亦是如此。

我還有個身分是寫作課講師，截至二〇二〇年三月，我開了十五期寫作訓練營，很多同學都問過我：「老師，我要怎麼堅持寫作？」

我是這樣回覆的。

你首先把「堅持」這兩個字從頭腦中去掉。

人因痛苦而改變，因受益而堅持，驅動你一直做一件事必不可少的因素，是它能不斷帶給你回報。

你要從寫作中找到受益的方式，這樣你才能一直寫下去。如果你學到了寫作技巧，就不要把它們束之高閣，不要覺得會了就萬事大吉，要嘗試把這些技巧用出來，用在生活、職場裡，去改變你的表達方式，提升你的溝通效果。

比如知道一個大V的微信後，你可以寫出通過率更高的申請話術；在公司裡，你需要上臺分享時，你可以表達得更有邏輯、更吸引人、更有說服力；寫電子郵件給老闆報告工作內容時，你可以更好地展示自己的工作成績；向公司其他部門求助時，你掌握了讓對方更願意幫你的溝通方式。

如果你一直有意識地這樣做，你會發現寫作能力實在太有用了，它能讓你處處受益，這個時候，我相信即使別人勸你放棄寫作，你也不會放棄，這背後的原理就是激勵思維的力量。

寫作從來都不是一件容易的事，但這件事我做了五年，我靠的是堅持嗎？

不，是激勵。

寫作真正激勵了我，我靠寫作賺到了第一個十萬、第一個一百萬，我靠寫作被十幾萬人喜歡，我靠寫作創立了自己的公司……這種激勵，比任何強制力量更有威力。

一開始在寫這本書的那段時間，我每天吃健康餐盒，一有時間就去騎車，一次騎五、六十公里，在二十一天內體重減掉了將近五公斤。

我為什麼會開始減肥？因為連續幾次得到了負向激勵，除了我認識的一些老闆的啤酒肚對我產生了負向激勵，還有幾次令我印象深刻的負向激勵。

我在朋友圈發我參加活動的照片，無一例外，都會有朋友、學員評論：「啊啊啊，粥老師你又胖了！」

曾經，在身材方面，我收到的全都是正向激勵，所以當我開始收到負向激勵時，我就大大地被驅動了——我發誓我要瘦回來！

同時，在減肥的那段時間裡，我又不斷收到正向激勵，比如：「粥老師，你瘦得好快啊！」「好佩服你的毅力啊！」「你是怎麼做到的？」「粥老師，你瘦了確實比之前好看太多了！」

不管這是真心的誇獎，還是彩虹屁[26]，都讓我更有動力。

26 彩虹屁：中國網路用語，意指粉絲用各種方式吹捧自己的偶像。

為了驅動自己，我不斷尋求更多這樣的激勵，這種方法是極易奏效的。

我曾在上課時講過一個現象。一般來說，越瘦的人反而越喜歡穿顯瘦的衣服，身高越高的人反而越愛穿讓自己看起來更高的鞋子，皮膚好的人反而越注重保養，越是容易被稱讚可愛的人反而越愛想辦法讓自己變得更可愛，越被人說幽默的人在飯局上反而越喜歡講笑話。為什麼呢？

人被什麼激勵過，就越在意什麼，所以，我分享三個建議給大家：

一、學會透過激勵啟動增強回路

你想做好什麼，就一定要從本質上認清那件事的真正價值，找到那件事對你的激勵之處，你被激勵了，就會想做得更好，你做得更好，就更會被激勵，這樣就啟動了增強回路。

二、人會在自己熱愛的事情上發光

我有一次演講，主題是如何透過副業賺錢，有同學提問：「如何找到適合自己的副業？」

我告訴他：「你要做的第一步就是列出你的喜好。因為一個人不可能在沒興趣的事情上持續投入，你的選擇要符合『長期主義』，選自己熱愛的，最初未必是好選擇，但從長期來看，一定是最好的選擇。它能帶給你快樂，給你榮耀，給你內心的滿足感，最終也會讓你賺到錢。」

三、你的時間花在哪，你是看得見的；給你成就感的事情，你是能意識到的

很多人說找不到自己的發展定位，不知道自己喜歡什麼，於是向我諮詢。

我說：「你情不自禁地投入大量時間去做的事情，就是你喜歡的事情。你的時間花在哪裡，你是看得見的。你可以認真回想一下，過去幾年，你願意在哪些事情上投入時間？喜歡一樣東西時，你不是真的喜歡它，而是喜歡自己被取悅的樣子。喜歡那樣東西時，你便處在最好的狀態。想想你過去做過的哪些事情讓你有成就感，讓你取悅了自己，讓你覺得自己特別優秀。」

答案就藏在這裡面。

人被什麼激勵，就會為什麼賣命

有一個故事令我印象深刻。

一個在特斯拉工作的員工分享了他在那裡工作的經歷和感受。

在他的描述裡，特斯拉的創辦人伊隆．馬斯克是個冷面執行長，他性格冷酷，對人十分嚴厲，甚至可以說是苛刻；如果你不能讓伊隆．馬斯克滿意，他會立刻開除你，甚至會開除你整個團隊。

伊隆．馬斯克只告訴你他想要你實現的目標，不管那個目標多麼不切實際、多麼不可能實現。員工在這裡工作，每天面臨巨大的壓力和挑戰，隨時會被罵得狗血淋頭，然而，很多員工都有機會在別的公司拿更高的薪水，但他們還是選擇加入特斯拉、留在特斯拉。為什麼呢？

這個員工說：「我之前的每一份工作都是別人要花八小時才能完成的，但我兩小時就能做好。我做過十二份實習工作、兩份全職工作、無數兼職專案，除了讚譽，我沒接受過其他回饋，但我來到特斯拉的第二週就感覺自己要被辭退了。

你覺得伊隆．馬斯克對你要求嚴格嗎？他對自己的要求更嚴格。這裡是A級人才的天堂，你覺得不可能達成的事情，在這裡都有可能完成。

伊隆．馬斯克『畫餅』能力天下第一，不僅對顧客如此，對員工也是這樣。你問這裡的任何員工，大家都能一字不差地說出公司的使命，和這樣有熱情的人一起工作真的很開心啊。在這樣的公司工作，自己做的事情馬上能產生影響力，像上癮一樣欲罷不能。每完成一個專案，我們都會覺得一切都很值得。」

這個員工最後總結的一句話，讓我印象深刻，他說：「人會被什麼感動，就願意為什麼賣命。」這就是激勵機制的威力。

金錢是一種非常重要的激勵，但不是唯一有效的激勵。戴爾．卡耐基在《人性的弱點》一書中講過一個故事。

有一位廠長能力非常強，但費了九牛二虎之力也無法使他管理的工人完成生產目標。大老闆來視察後很生氣，質問他：「這到底是怎麼回事，你這麼能幹的人，竟然不能讓那些工人完成生產任務？」

經理很委屈：「我也搞不清楚怎麼回事……我用溫和的話鼓勵他們，用嚴厲的話斥責他們，甚至用降職、罰薪來警告他們，可是他們還是無法完成任務。」

他們談話的時候，是白班快結束、夜班即將開始的時候。這時，大老闆對經理說：

「你給我一支粉筆。」

然後，大老闆拿著粉筆走向工人們，問道：「你們這班今天完成了幾個單位？」

工人們回答說：「六個。」

大老闆聽完後一言不發，拿起粉筆在牆上寫了一個大大的「6」，便走了。

夜班的工人來接班時看到了這個「6」，就問白班工人這是什麼意思。

白班工人回答：「大老闆剛才來這裡，他問我們今天做了幾個單位，我說六個，他就在牆上寫了這個『6』。」

第二天早上，白班工人來接班時，發現夜班工人已經將「6」擦去，取而代之的是一個大大的「7」。看到這個「7」，白班工人坐不住了，覺得自己被夜班工人超過了，於是他們更認真地投入工作，下班時，牆上留下了一個大得出奇的「10」。

沒過多久，這家之前總是無法順利完成生產任務的工廠，次次都能夠完成任務目標，而且超乎預期。

在這個故事裡，大老闆巧妙地引導兩班工人找到了「超過對方」的成就感，激發了工人們的工作熱情，其效果遠比廠長「胡蘿蔔＋棒槌」的策略更有效。

西貝創辦人賈國龍也說過：「人性都是尋求舒適的，我也是。但人性還有另一面，就是爭強好勝，想贏怕輸。打麻將是，工作也是。」西貝管理底層的邏輯就是讓大家比賽，因為在比賽中，人的狀態最好，精神最集中，自我驅動力最強，行為也最高效。

最後，問題來了：激勵機制作用非常強大，難道它沒有壞處嗎？

有，激勵機制用錯了，常常適得其反。

有一段時期，美國富士全錄公司的新機器總是賣得不如那些性能較低的舊機器。那時候創辦人早已離開公司，進入了政府部門，但不得不辭職重回公司。回到全錄之後他發現，原來根據公司和銷售員簽署的提成協議，只要把舊機器賣給客戶，銷售員就能得到很高的提成。

最後我告訴大家幾點注意事項，希望大家避免採用以下幾種錯誤的激勵方式：

一、錯誤的獎勵參考標準

人們會根據完成任務的數量和速度這兩個面向來給自己獎勵，這種獎勵的參考標準就是錯誤的，人們更應該注重品質和結果。比如，為了獎勵自己而快速完成審計項目的審計師更容易出錯，為了獎勵自己而快速讀完一本書的人，閱讀更容易流於形式。

二、選錯獎勵的獎品

很多人的激勵措施經常與完成的目標背道而馳。比如有人在減肥，連續減肥一週的獎勵竟然是吃一頓大餐；有人健身，完成當月健身計畫的獎勵竟然是下週可以不去健身房；有人學吉他，學會一首歌曲的彈唱後給自己的獎勵竟然是這週可以不用練了，休息一下。這些獎勵對你長期目標的實現並無益處，因此，你的激勵措施或獎勵的獎品不能與你的目標產生衝突。

三、獎勵容易作假的行為

很多事情是容易作假的，鼓勵這些行為無異於鼓勵作假。比如有的老闆公開表揚經常加班的員工，這絕對是個錯誤的行為，很容易營造不正常的企業文化。比如廣告方在公眾號投放廣告時按文章的瀏覽量付費，這不是擺明了鼓勵人家刷次數嗎？

四、成於此卻敗於彼的激勵

我有些做公眾號的同行，他們對團隊唯一的激勵以瀏覽量為標準。是的，這種標準非常有助於瀏覽量的提高，讓他們產出更多10W+的熱門文章。但是，隨著平均瀏覽量不斷提高，品牌形象可能越來越差，因為大家為了提高瀏覽量，只想透過各種方式博取眼球，下吸引注意的標題，甚至利用封面圖打擦邊球，這就是成於此卻敗於彼的激勵。上面提到的全錄公司也是如此，原本想處理舊機器，反而大大地影響了新機器的售賣，得不償失。

驅動別人，驅動自己，驅動一切資源為己所用，最有力量的方式就是激勵，同時也要避免錯誤激勵帶來的破壞力。

思考

升級思維的目的是改變行動。

升級了激勵思維後，你就會明白，推動別人往前的最好方式就是激勵。

現在我想問你：如果你想成為同事、朋友中最值得幫助的人，你應該如何使用激勵思維幫你達成這一點？請你列出一些具體的行動。

第四節——複利思維：凡可累積，皆有複利

什麼是複利？將上期的本金和利息相加，作為下一期的本金，在計算時，每一期本金的數額不同，這就是複利的基本前提。

複利的威力有多大？

如果你拿出一萬元投資，年利率為10％，第二年你能得到一千元的利息，本息和就是一萬一千元。複利是利滾利，所以第二年你的本金實際上變成一萬一千元，你的本息和就是一萬兩千一百元：

〔1×（1+10％）2=1.21〕

依次類推，第N年，你的財富就是1×（1+10％）n萬元。

按照這種年利率去計算，二十五年後，你的一萬元就會超過十萬元。如果年利率是15％，你的一萬元，十七年後就能變成十多萬，三十四年後就能變成一百多萬元；如果

年利率是20％，你的一萬元，二十六年後就能變成一百多萬元。

這是什麼概念？如果我今天投資一百萬元，年利率為20％，那麼二十六年後我就有了一億元。這就是複利的威力，很嚇人吧！

但實際上，就算你明白了，這種複利回報你也享受不到。如果真能按照上面的公式獲得回報，我現在就退休，只需要投入一百萬元，然後坐等成為億萬富翁。

是複利模型出問題了嗎？沒有，它沒錯。

但在現實的金融世界中，別說20％的年利率，就連長期穩定的10％的年利率都幾乎不存在。如果有投資經理告訴你他能幫你實現長期穩定的10％的年收益率，那你就要小心被「割韭菜」了。再說了，計算複利，還得看本金，十萬元翻一倍是二十萬元，多了十萬元；一百萬元翻一倍是兩百萬元，多了一百萬元。

所以，綜上所述，年輕人別幻想著靠複利去投資、發財，這非常不可靠，除非你非常有錢。如果以後誰再跟你講這些，你要記住，要麼是對方無知，要麼是對方愛畫大餅、灌雞湯。

本節講的複利，主要是一種高效的成長方式，即把複利思維用在成長上。

利用複利啟動增強回路

什麼是增強回路？我們前面講過，一件事的因能夠強化果，果反過來又強化因，形成回路，一圈一圈地循環增強，這就是增強回路。

增強回路就是你在這件事（系統）中做的每一個動作，都在一圈一圈的循環增強中「利滾利」，它不是獲得一次收益後清零，真實世界中，強者越強的原因正在於此。

我做公眾號「@粥左羅」時，每一篇品質很高的文章都會有很多用戶閱讀，也會有很多用戶分享，很高的分享數帶來很高的新增追蹤數，結果我的用戶基數更大了，之後我寫下的高品質文章閱讀人數就會更多，分享人數也更多了，這就是啟動了增強回路。營運一年後，我的公眾號就擁有了三十萬用戶，兩年後就擁有了七十六萬用戶。

我在二〇一九年六月出版了《大人的11堂寫作課：實現讓生活、工作都成功的複利人生》一書，出版這本書之前，我談了三家出版社，最後選擇與人民郵電出版社合作，原因只有一個——它給的首刷量最高，有三萬冊。

首刷量高，說明出版社要投入更多資源去推廣，這樣，這本書就很可能會賣得更多；賣得更多，我出下一本書就能簽更高的首刷量，這也是一個典型的增強回路。

我推廣音頻課程也是這樣，我的課在一個平臺上賣得越好，我在業界的名氣就越大，名氣越大，就會有更多平臺來找我合作，這又是一個典型的增強回路，能讓我實現「複利」。

這些經歷能帶給大家什麼樣的成長啟發呢？

第一，你要盡量多做那些能啟動增強回路的事情，少做獲得一次收益後清零的事。

第二，你要持續專注一些領域。比如，我寫了幾篇好文章後，突然不寫了；我出了一本很好的書之後，不出下一本了；我寫了一門賣得很好的課程，但我接下來不想再寫了，這樣會讓我無緣享受複利。

第三，你要始終做一個以高標準做事的人，否則你根本無法啟動增強回路。比如你出了一本書，書賣得很好，然後你要出下一本書了，這時候能不能進入增強回路取決於什麼？取決於下一本書的品質高不高。如果下一本書品質很差，那抱歉，你無法啟動增強回路。

以高標準做事這一點非常重要，這是讓你從競爭中脫穎而出的「武器」。

大家都知道，我是在二〇一八年公眾號紅利逐漸消失後將公眾號業務做起來的，按照增強回路的定義，我根本沒有機會，因為已經存在的大號在吃「強者越強」這個紅利。但是我力求在品質上超越他們，這樣，只要我每寫一篇，「利率」都比他們高，我就能從他們手裡搶用戶。

複利中有兩個重要的因素：一個是本金，另一個是利率。我們本金不多，所以要在利率上拚命，這樣才能與高手過招。

做事高標準，就是做事高利率。

利用複利製造重複收益

增強回路，針對水平複利；重複收益，針對垂直複利。

什麼是垂直複利？垂直複利就是你在做一件事時，能非常聰明地從多個面向重複獲取收益。

如果這樣的模式可行，那豈不是很有發展前景？是，確實可行。

二〇一九年一月，我上線了音頻課程——粥左羅教你從零開始學寫作；

二〇一九年四月，我根據這些內容推出「粥左羅二十一天寫作訓練營」；

二〇一九年六月，我根據這些內容寫了《大人的11堂寫作課：實現讓生活、工作都成功的複利人生》的書，出版上市。

還沒完呢，這三件事還在互相促進著：

《大人的11堂寫作課：實現讓生活、工作都成功的複利人生》封面折口放了訓練營的QR碼，所以書也變成了流量的管道，幫助訓練營招募更多學員，而且是目標學員。

參加訓練營的學員中，有不少學員又去反覆聽音頻課程，而書剛出版上市時，音頻課程和訓練營的學員帶動了一大波銷量，讓書很快衝到了新書暢銷榜前十的位置，這個成績維持了很長時間。

這就是一舉三得。其實第一件事完成之後，做後面兩個產品就相對簡單了。能出音頻課程的老師很多，但能垂直開發後面兩個產品的老師很少。其實，這種事得多做，它能帶來極可觀的重複收益，同時，這三件事都是很有價值的。

聽音頻課程的同學都希望有一本實體書，這樣方便平時翻閱；很多學員需要更深度的服務、更好的學習方式，所以在訓練營學習也是很多學員的需求，你不做反而不能更好地服務大家。

這是一種思維方式，跟你做不做我這一行沒關係，我的很多行為都遵循垂直開發的複利模式。

我翻看一本書的時候，會認真絞盡腦汁，盡力去想一些問題。

第一，有沒有可能根據這些內容做選題，寫公眾號文章？

第二，有沒有適合在我的社群裡分享給大家的知識？

第三，有沒有適合放在我課程裡的觀點和案例？

所以我讀書，從速度上來看是比很多人慢，但從收益上來看，我收穫的比很多人還要多。

垂直複利是一種積極的「人生『貪婪』演算法」，希望你能深入思考。

遵循複利模式，重要的是持續

亞馬遜創辦人傑佛瑞．貝佐斯有一次問自己的偶像巴菲特：「你的投資理念非常簡單，而且你是世界上第二有錢的人……為什麼大家不直接複製你的做法？」

巴菲特回答：「因為沒有人願意慢慢致富。」

貝佐斯說這是巴菲特給過自己最好的建議。慢慢致富，這背後是持續思維，只要能持續，就不怕慢，這是複利思維中非常重要的一點。

我們還是將它放在個人成長裡看，如果你現在的綜合能力是「一」，根據你付出的不同，加上複利的作用，可能會出現三種結局。

第一種，你每天按部就班地工作，停在舒適圈，一點進步也沒有，一年後，你的綜合能力是多少？最好的結局也不過是「一」，能維持現狀就不錯了。**你不前進，但別人在進步，你也相當於在後退**。

第二種，你充滿好奇心和求知欲，每天都在學習，在工作上也會進行刻意練習，每日都處於精進的狀態，假設你每天成長1%，一年後，你的綜合能力是多少？答案是37.78（$1.01^{365}\approx 37.78$）。

第三種，你不光不進步、不保持現有水準，還自甘墮落，在本該做好的事情裡也極其敷衍，更別提學習和成長了，假設你每天退步1%，一年後，你的綜合能力是多少？答案是0.026（$0.99^{365}\approx 0.026$）。

上面三種演算法與金融領域中複利的計算方法一樣，理論上正確，但不現實，因為你不會每天進步1%，那強度和難度都太大了；你也不太會每天退步1%，那得有多墮落啊。

但是，我可以非常清楚地告訴你，只要你每天努力一點點，不用多，就一點點，一年後也會得到很大的成長。如果你這樣的成長狀態能保持三年、五年甚至十年，你會怎麼樣呢？你會遠遠甩開別人。

創投公司晨興資本創始合夥人劉芹是一個很低調的投資人，他投資雷軍的小米回報率超過八百倍。劉芹認為，很多人享受不到複利回報，主要有兩個原因：

一、沒有立大志，老是在原地做。

二、沒有持續、穩定地做，因為好高騖遠，或者難以堅持。

劉芹說：「我碰到太多比我聰明的人不夠堅持，我碰到太多能力比我強的人不願意做小事。我過去十幾年其實每天都在做很小的事情，我只是連續做了十六、七年而已。」

金融學家香帥說過：「在複利增長的模型裡，不怕增長率微小，就怕過度波動，因為這些波動會把你的增長吞噬掉。」

我們前面兩點中說到，複利中兩個非常重要的因素是本金和利率，其實還有第三個重要因素——時間，因此持續很重要。

凡可累積，皆有複利

如何更好地理解複利？複利與我們實際上的工作、生活到底有多大關係？其實，複利效應每天都出現在我們身邊。

用一句話來解釋「複利」就是：「凡可累積，皆有複利」。能累積的東西，基本上就會有複利效應。比如選擇的複利：一個人一生的命運，是其所有選擇疊加的結果。

任何選擇，都不僅僅會對當下起作用，還會對未來起作用，而且會一直起作用，你可以把這一點理解為複利。從複利這個角度來理解，上面那句話可以進一步闡釋為：一個人一生的命運，是其所有選擇「階乘」的結果。

如果我們都享受兩倍的利率，同樣的時間是什麼決定了我們收益不同？答案是本金。如果你把做一次選擇當成交一次本金，你每一次本金交得比別人都多，那麼你的未來收益就是別人的很多倍，不是嗎？

比如知識複利。什麼時候，你可以享受知識的複利？答案是你掌握某一領域的知識總量足夠多的時候。

有一個詞叫「知識體系」，簡單地說，它叫知識網，它對應的是知識點。

知識點不夠多的時候，它們就無法織成一張網。沒有知識網的時候，當你掌握一個知識點，就僅僅是掌握了一個知識點；而當你有知識網後，掌握一個知識點，這個知識點會被縫合在那張網路上，和其他十個、二十個、五十個、一百個知識點碰撞，產生新知識，讓這張網越來越密、越來越大，這就是知識的複利效應。

你每掌握一個新的知識點後，之前掌握的很多知識點就會和它進行「繁殖」。知識的累積最初是相加模式，掌握的知識多了，知識的累積就變成相乘模式。

如果你在一個領域成長得不夠快，你可以嘗試一下這個方法：每天如饑似渴地學習新知識，每天學、每天學，直到有一天，你在這個領域掌握的知識總量突破了某個限度，知識和知識開始形成節點和網路，你的那條知識複利曲線就會突破反曲點，你的成長就會大幅加速。

所以，請記住：「凡可累積，皆有複利」，但是什麼東西是可以累積的？

答案是：選擇、知識、能力、資源、人際關係、信譽、信任、品牌等等。

複利是一種思維。希望這種思維能變成你的意識，融入你的血液。人生中的收穫無法被精確計算，但認知的魅力恰恰在於它不是公式，無法直接被套用，它只讓少數掌握這種認知的人在複雜的競爭中脫穎而出。它服務的永遠是少數人，因為大多數人對它不屑一顧。

思考

升級思維的目的是改變行動。

在這一節中，哪些內容帶給你的感受和啟發最大？接下來你會做出什麼樣的改變？

第五節——環境思維：人是環境的產物，你必須持續改善環境

什麼是成長？一個人不斷被激發潛能、不斷升級自己的過程，就是成長。

如何激發一個人的潛能？給他目標、給他承諾、給他希望、給他榮譽、督促他、刺激他、鼓勵他，這些都是最具體、最直接的手段，是「看得見的手」，但還有一個最為重要的因素，它是「一隻看不見的手」，那就是環境。

環境對人潛能的激發作用是隱形的、緩慢的、潛移默化的，是最重要的，也是最容易被大家忽視的。越是普通的人，環境這個因素對他所起的作用就越重要。

曾經有個課題：「決定一個人成就的各種因素中，基因因素更重要還是環境因素更重要？」答案是不一定。出身越好的孩子，基因對他的影響越大；出身越是普通的孩子，環境對他的影響就越大。

為什麼呢？因為家庭經濟條件好的孩子有足夠的條件讓自己充分發揮各種天分，而

對普通人家的孩子而言，重要的不是他有什麼樣的天分，而是能否遇到讓他發揮天分的環境，環境允許他發揮多少，他就發揮多少。

成長中的每一步都必須有相應的環境配合，所以我們普通人更需要掌握環境思維，不斷為自己的環境最佳化。《菜根譚》裡有句話：「若言言悅耳，事事快心，便把此生埋在鴆毒中矣。」這句話的意思是，一個人如果生活在一種每句話都順耳好聽、每件事都稱心如意的環境當中，就是把此生泡在毒液裡。

人是環境的產物，你浸泡在什麼樣的環境中，就會長成什麼樣的人。

物理環境：你的認知，會被物理空間改變

說到環境，大家最先感知到的是物理環境，這是對的，而且物理環境確實能改變一個人的認知。

知名學者吳伯凡老師講過一個真實的故事。老師有一個學者朋友，他年輕的時候書讀得不少，也思考了很多，但幾乎沒寫出什麼像樣的作品。他自己苦惱，別人也奇怪，

但一件看似無關的事改變了他，讓他成為一個產出很高的學者。

他有個同學從國外回來，帶了一個非常漂亮的古希臘陶瓶給他。他本身非常迷戀古希臘文化，所以對這件禮物愛不釋手。可是他的房間裡亂七八糟的，書桌甚至床上都堆滿了書，陶瓶沒地方擺啊，但是他太想擺在眼前了，於是他開始整理房間。

他先整理書桌，整理完發現床上也亂得不像樣，又把床整理得乾乾淨淨，把被子、床單都換了……這整個過程下來，他突然感受到了不一樣的感覺。

後來，他整個認知都變了，房間裡哪怕一個小角落出現一點凌亂，他都覺得很心煩、很刺眼，必須整理，他開始享受這種有序、有條理、整潔的狀態，還養成一個習慣——每天在桌上放一張紙、一支筆，旁邊是那個陶瓷瓶。再往後，他養成了一有什麼想法就馬上在紙上記下來的習慣，有時間再整理這些筆記，有了這些筆記的累積，寫書就快了很多。

物理空間對人認知的改變被很多人忽略了，但實際上，自古以來，我們的認知都在被物理空間塑造，最典型的比如教堂、監獄、學校、商場等。

我們該如何對待物理環境對成長的影響呢？

你要學會設計你的物理空間。你的家裡不要只有大的電視機、小的遊戲機、泡茶或喝咖啡時用到的桌子。每個人的家裡，空間再小，都不能缺兩樣東西——一樣是書桌，另一樣是書架。書桌和書架上也真的要有好書，不要說你不會讀，你照我說的做，你早晚會讀。

你生活的世界是你內在世界的投射和體現，反過來，你可以逼著自己改變客觀環境，這種客觀存在的生活世界也會反過來映射到你的內心，改變你的認知。

我特別感謝我的姐姐，在我很小的時候，他便一直買書，也不管我喜不喜歡看。他買了《紅與黑》、《羊皮卷》、《人性的弱點》以及巴爾札克的作品，我到現在經常能回憶起當時的場景。

記憶裡，那本厚厚的《紅與黑》一直被扔在我臥室，我每次拿起來翻翻看，都摸到上面落了一層灰，每次看一點點就覺得篇幅好長啊，算了吧，過一段時間又會注意到它，又拿起來看看。

過了好幾年，應該也是因為長大了，竟然看得下去了，於是我花了一段時間把它讀完。我讀高中時，我姐帶我去過好幾次新華書店，讓我挑書。記得當時他幫我買了名人中英文對照版演講讓我背，幫我買了好多字帖讓我練字。在我們那邊的農村，這都是不尋常的做法，大人只會說，你要好好讀書，但不會真的用行動來改善你的成長空間。

我經常對我的學員說，週末出去逛街時，多逼著自己去書店和圖書館，摸一摸書，看一看讀書的人，你早晚會喜歡去那裡。

在公司的辦公桌上，你也要營造高效工作的空間，你要放上書、筆、記事本以及各種能讓你高效工作的對象，而不是零食、飲料。

這是微觀層面的物理環境，宏觀層面的物理環境同樣重要。一個在農村長大的孩子不太可能跟都市的孩子一樣思考問題，有可能的話，可以去都市，去充滿活力的城市，去正在蓬勃發展的城市，不要跟風喊「逃離北上廣[27]」，除非自己真的混不下去。

資訊環境：你的輸入，決定你的精神資源

精神資源將構成一個人的精神結構。精神結構會主導一個人一生的好惡感與羞恥心以及他的願望、夢想與恐懼，從而影響這個人往後的所有決定。

27 因為前線城市房價居高不下、工作與生活壓力太大，因此年輕人紛紛開始「逃離」北京、上海、廣州，往其他城市發展。

有一部傳記片，講述一個男孩子看貓王的表演，產生了羨慕與難過的情緒，心想：「為什麼他能做到這樣？為什麼我不能像他這樣？」這個男孩就是後來的約翰．藍儂。

很多年前，武漢大學的一名大一新生看了《矽谷之火》，瞭解到賈伯斯這些矽谷英雄們的創業故事，激動得好幾個晚上睡不著覺，在學校操場上一圈一圈地走，然後確定了一個模糊的目標——日後一定要幹一些驚天動地的事情，一定要做一個偉大的人，而這個人就是雷軍。

資訊環境對人產生何種影響，取決於你選擇用什麼樣的精神資源衝擊你、裹挾你、武裝你。

人和人是非常不同的，有的人會在上、下班路上看各大社群媒體、看八卦，有的人則會聽音頻課程；有的人會一邊吃飯、一邊追劇，有的人吃飯時會讀兩篇收藏的好文章或者看看當天的財經新聞、科技新聞；有的人下班回家後會追各種娛樂節目、滑抖音，有的人則將下班後的時間用於讀書學習；有的人週末會約人打遊戲，有的人週末則會約人逛書店、看展覽、參加課程。

時間對每個人都是公平的，但在同樣的時間裡，大家輸入的資訊卻有著天壤之別。同樣是讀書，有人隨手摸到什麼讀什麼，有人覺得時間寶貴，讀的每一本書都是認真挑選的。

同樣是聽課、看電影、參加課程，有的人隨波逐流；有的人嚴格篩選，只「輸入」最好的。

所以，要學會設計自己的資訊環境，少追沒有營養的劇、少看劣質內容、少看垃圾電影，少「餵」自己娛樂八卦，多讀好書、聽好課、看好電影。

你的時間有限，你要提高「輸入」標準。

圈層環境：群體智商比個體智商更重要

謹慎選擇你的圈子，群體的智商比個體的智商更重要。

這點怎麼解釋呢？有個著名的分錢實驗就可以解釋。實驗時，把受驗者分成兩人一組，同一組的兩個人分別用A和B代稱，遊戲規則如下：

實驗人員先給A兩元，B沒有錢，然後A要把錢分給B一部分，分多少都可以。不論A給B多少錢，實驗人員都會把這筆錢乘三之後再給B。比如A給B兩元，B就會拿到六元，B拿到錢後，可以選擇回報一部分的錢給A，但完全不分給A也沒關係。

這個遊戲其實就是在模擬真實世界中的投資行為：我借給你一筆錢，你用這筆錢發展之後，再回報我。但是這個投資能不能做成，完全取決於雙方的合作意願，如果A不信任B或者B不回報A，投資就無法順利進行。

研究證明，智商越高的人越願意合作——高智商的A願意給B更多的錢，高智商的B也願意拿更多的錢回報A，這就叫「雙贏」。

這其實是一種博弈遊戲，如果雙方意識到將來還要打交道，就不至於做「拿了錢就跑」的買賣，聰明人對這種重複博弈的遊戲尤其敏感。研究證明，在多次的博弈遊戲裡，如果A、B都是高智商的人，他們合作雙贏的可能性會比低智商的小組高五倍。

聰明人選擇合作，並不一定是因為他們更善良，可能是因為他們更理性，知道長期合作會贏得更多。

任何人在這個社會上都不是孤立存在的，人和人在社會上的一切合作都可以當作是博弈。聰明人和聰明人的博弈通常是雙贏，而且是長期的雙贏。如果一個大群體中，聰明的人占比更高，這個群體每天都會創造許多雙贏、多贏，創造價值的效率是非常驚人的。

如果你很聰明，做事水準又很高，但你在一個整體做事水準不高的公司上班，那你就很不幸了，與你合作的老闆、同事、合作夥伴會拖你後腿。在這種公司裡，人們的合作水準通常是很低的，每一次博弈，大家想的更多的不是雙贏，而是單贏；你和老闆的關係也是博弈關係，格局小的老闆更傾向於讓你付出更多，同時給你支付更少的薪水。

這個理論可以解釋很多現象。

像賈伯斯、馬克．祖克柏這類頂級聰明的人，都會開高價給人才，讓他們留下來。聰明人都喜歡和聰明人合作，這樣的公司就會吸引更多聰明人加入，最後這就會變成一個正向循環——這個公司裡大多數人都是聰明的人才。

而一些老闆在和人才博弈中總是有僥倖心理，希望自己多贏一點，結果就是造成優秀員工流失。優秀員工不斷流失的結果是平庸的人占了大多數，這會導致團隊陷入惡性循環——即便你找到一個優秀人才，他還是會很快離開，因為和他配合的人都很平庸，合作的流暢度之低會讓他崩潰。

再舉個更好理解的例子：如果你是老闆，要生產一個產品，你的員工中有高手也有表現一般的，你應該怎麼幫他們組隊？

比如製造一支手機，假設需要兩個步驟，兩人各做一步，兩人一組配合製造一支手機。假設高手的成功率是百分之百，一般員工的成功率是百分之五十，現在你有四個員工，其中兩個是高手，兩個是一般員工，你會怎麼分組？

答案是將兩個高手組成第一組，將兩個一般員工組成第二組，兩組各承擔一半的生產任務。這樣第一組的成品率是百分之百，第二組的是百分之二十五，平均成品率是百分之六十二．五；如果你讓一個高手帶一個一般員工，平均成品率是百分之五十。

但是，這是理想的分配情況。現實是，優秀的圈子裡總是聰明的人更多，聰明人的密度足夠高時，聰明人搭配聰明人的機率會很高。否則你再優秀也沒用，你的同事會降低你們的成品率。

你在這個社會上不是單打獨鬥的，盡量把自己放在一個更聰明的環境中吧。

行為環境：群體力量比自我掌控更有效

二〇一九年四月，我開始營運寫作訓練營，到二〇一九年年底開了八期。每期的課程內容和訓練內容都是一樣的，你參加一期之後，實際上就會學到課程內容和訓練方法，後續完全可以自己訓練。

神奇的是，很多學員成了我們訓練營的「釘子戶」，即便每次都要交七百九十九元的學費，仍有不少學員連續報名好幾期，我們開了進階訓練營，他們馬上又來報名。

他們要的是什麼？他們要的是一群優秀的同學。但光有一群優秀的同學也不行，因為市場上有很多與寫作相關的訓練營和社群，大家卻偏偏喜歡來我們這裡。

很多訓練營中雖然有很多優秀的學員，但大家在群裡更多的是聊天、吹牛、聯繫有能之士。而我們的訓練營除了鼓勵同學們之間互相「連結」，更重要的是，會「逼」每個同學聽課、寫作業、寫文章、互相提修改建議等等，也就是說，我們打造的行為環境和其他訓練營不同。即便是面對同一群人，我們也可以打造出不同的行為環境，整個行為環境會形成一股強大的群體力量，這種力量會牽引你做出同樣的行為。

每個人都想做到自律。什麼是自律？自律就是自己管束自己。其實這是不符合人性的，依靠群體管束自己才是符合人性的。

很多人參加過我的訓練營後會進行成長反思。我經常看到大家會寫下同一句話：「一群人比一個人走得更遠、更快。」很多人在入營前根本不相信自己能二十一天不間斷學習、不間斷寫作，但絕大多數人都做到了。很多人參加二十八天高階寫作營，根本不相信自己能完成十篇長文的寫作，因為可能過去三個月都寫不了十篇長文，但參加訓練營的人中，百分之九十的人都做到了。

所以，自律不如「群律」。**在成長的路上，你永遠不要高估自我掌控的能力，永遠不要低估集體行動的力量。**如果可以，你可以多參加一些學習性的社團，參加前當然要注意仔細篩選，要選擇口碑好、能持續營運且經過市場驗證的社團。

以上就是環境思維的四要素，學完每一個，你都可以馬上去實踐，想辦法最佳化。

思考

升級思維的目的是改變行動。

看完這節內容，你準備怎樣最佳化自己的成長環境？

請簡單列一個行動清單。

第4章

看見和相信共進

如果你不相信奇蹟，奇蹟就註定不會發生。
因為不相信，
你便不會按照它發生時所需要的做法全力投入，所以它真的不會發生。

第一節——疊代思維：用魯莽定律開局，用疊代思維持續行動

凡事先開局，不開局，就永遠不得終局。

開局可以開得不好，但是一定要開，因為凡事靠疊代。

什麼是疊代？我給你一個最簡單的定義：疊代就是你想去遠方，但你不可能一步跨越；你想去山頂，但你不可能一步登頂。你需要無數步，每一步都可以被稱為一次疊代，每一次疊代得到的結果會作為下一次疊代的初始值，每一次疊代都是為了逼近目標。

我再舉一個最簡單的案例，這樣你就更能理解了。

從小，你爸媽幫你定了一個長遠的目標——長大並上一所好大學。但他們知道要先把你送到幼稚園，然後送到小學，接著送到國中，然後是高中，最後才是送到大學，這就是疊代，每一次疊代得到的結果會作為下一次疊代的初始值，讓你不斷接近目標，所

以疊代思維是早就被我們使用過的思維方式。

但很不幸地，大學畢業步入社會後，我們把這種思維扔掉了。我們開始心急，總想著一步邁到遠方，一步登到山頂。很可惜，我們做不到，所以很多人開始迷茫，不停地換工作卻都不如意，很多人到三十歲就給自己下了一個定論：唉，我這輩子也就只能這樣了。

疊代式成長：一生很長，起點的位置不代表終點

關於成長，認清自己當下的位置是很重要的。條條大路通羅馬，而有人就生在羅馬，很多人並沒有意識到這一點，總是盲目地跟別人比較，以至於懷疑人生、自暴自棄。

我經常告訴自己，我的起點很低，但沒關係，起點的位置並不代表終點，我有耐心做一個大器晚成的人。大器晚成，並不是指自己要到五十歲、六十歲、八十歲才能成事，而是告訴自己，要有耐心給自己補課，有耐心、有勇氣，一步、一步地疊代。

我出生在山東農村，在我人生的前二十年，我為了高考一直都在背教科書。二十歲的我，沒見識、沒認知、沒視野、沒格局。我大學考到北京的學校，想在這個精英成群的城市參與競爭，我就必須要幫自己補課。

在整個大學期間，我拚命地閱讀、體驗、增長見識、豐富經歷，和時間賽跑、給自己補課。當我畢業走向社會後，我的家庭並不能提供我資源和方向，所以我也必須從底層開始做起，而有這樣的認知很重要，這是你疊代式成長的前提。

以下是我的十年疊代過程：

2010年

九月：到北京讀大學。在大學四年裡，除了努力讀書，我兼職做過保全人員，在工地做過臨時工，當過英語家教，開過淘寶商店，賣過明信片。

2014年

七月：畢業後在北京南鑼鼓巷擺地攤擺了兩個月。

十月：到北京西單商場的一家服飾店做了十個月的服飾店店員，月薪五千元左右。

2015年

八月：進入新媒體行業，開始做排版、打雜的小編，月薪五千元。

2016年

三月：獲得內部升職，從小編變成了新媒體營運經理，月入兩萬元。

2017年

三月：成功跳槽，成為一名新媒體講師，同時擔任公司內容副總裁，年薪五十萬元，主講的課程收入超過一千萬元。

2018年

三月：辭職後，開始營運自媒體，全心投入自己的公眾號「@粥左羅」。

八月：開始做廣告業務、知識星球社群業務以及課程服務，月入超過二十萬元。

2019年

五月：正式拓展了團隊以及業務，從自媒體團隊轉型為公司，個人累計收入達到一千萬元。

2020年

三月：我的團隊人數為十二人，我有了穩定的內容團隊、課程團隊、營運團隊，並計畫在二〇二〇年內把向上生長學院的課程體系建構完成，個人年收入將突破一千萬元。

這是一場近十年的疊代，從很低的起點開始疊代，每一次疊代得到的結果都會作為下一次疊代的起點，我一步一步穩紮穩打地走到了今天。

從我個人角度來說，這場疊代才剛剛開始。一生太長了，我從來不會給自己下定論，說做到這樣就差不多了。我每年都會給自己定一個疊代的方向和目標，同時在接下來的一年耐心執行，每年幫自己版本升級，我相信下一個十年，我又會有一番新作為。

有人說：「你為什麼這麼堅信事情會按照你想像的方向推進？」其實並不是我堅信著什麼，我不知道終局會怎樣，但我堅信一個樸素且相當普遍的道理——有些事是必然會發生的，比如只要持續按照正確的方式做正確的事情，你一定會越來越好，這難道不是必然會發生的嗎？

疊代思維之所以重要，是因為太多人看不清兩件事：

一、看不清自己當下的位置，總是給自己設定與當下能力不相符的目標，然後反覆受到現實的打擊，直到自我懷疑。

二、看不清事情演化的規律，總是設定一個不合理的推進計畫，讓自己在整個過程中屢屢受挫。

每個人在成長中，都要用疊代思維來看清當下、看到未來。

疊代思維：用魯莽定律開局，你就成功了一半

疊代思維要驅動的第一步是開局——沒有出發，就無法抵達。如何開局？下面以我成長過程中的一個關鍵節點為例。

- 二〇一五年八月，我進入新媒體行業。
- 二〇一六年五月，我註冊了一個公眾號，兼職營運了一段時間後，以失敗告終。
- 二〇一七年三月，我重新營運公眾號，兼職營運了一段時間後，又以失敗告終。

自二〇一五年起，我一直夢想著能做出一個完全由自己說了算的公眾號，我手寫我心，只做自己相信的內容。經歷了兩次嘗試、兩次失敗，轉眼到了二〇一八年春節前，那是我內心最糾結的一段時間。

當時我已經向公司提了離職，但離職之後怎麼辦？我要麼再度嘗試做自己的公眾號，並且是全職做；要麼重新入職一家新媒體公司，繼續賺高薪。

我內心傾向於選擇前者，但又擔心風險太高。

第一，沒了大平臺的扶持，我行嗎？

第二，前兩次營運自己的公眾號都失敗了，二〇一八年顯然更難了，在這樣的情況

下，第三次我能成功嗎？

第三，我以一個知名新媒體講師的身分獨立出來，並且以全職的身分經營公眾號，如果失敗了，豈不是天大的笑話，我還有資格繼續教別人寫作嗎？

那段時間，我一直拿著本子寫寫畫畫，反覆推演著「我到底該不該去做、能不能成功」，經常失眠到下半夜，焦慮到不行。你知道的，人一旦糾結，是完全停不下來的。

非常幸運的是，二〇一八年二月六日那天（對，我記得特別清楚），我在朋友圈看到一篇文章，點開後被羅輯思維執行長脫不花的一段話「擊中」了。

他說：「人生總有很多左右為難的事，如果你在做與不做之間糾結，那麼，不要反覆推演，立即去做，莽撞的人反而更容易贏。因為如果不做，這件事就永遠是停在腦中的『假想』，由於沒有真實的回饋，誘惑會越來越大，最終肯定會讓你後悔。而去做，就進入了一個嘗試、回饋、修正、推進的循環，最終至少有一半的機率能做成、不後悔。」

讀完後，我熱血沸騰，心裡湧起一句話——做！

我馬上在電腦桌面上新增一個資料夾，名字就叫「幹出一個新世界」，然後新增一個文件檔，開始寫帳號規劃，規劃名字、定位、簡介、冷啟動策略、核心增長邏輯……

糾結要不要做到直接開始行動，一直走到今天，我沒有停下，也不再糾結。

雖然這個號還沒成為我想要的樣子，但我已經在靠近它理想形態的路上走了兩年。不能說這個號變成今天這樣是因為那句話，但你要明白：「**認知決定行動**」，那句話一下子升級了我對做事的認知，啟動了我的規劃，就像發動機點著火一樣。

後來每當我因為一些決定糾結的時候，比如二〇一八年八月，我一直糾結著要不要做知識星球社群的時候，我就會回想起魯莽定律。

人生的很多階段中，很多人本來都有能做成一些事的機會，結果卻在反覆推演和漫長的糾結中讓時間溜走，讓機會變成別人的，最終讓自己後悔。很多做成事的人在做那件事的時候，勝算可能反而不如你大，但人家敢想敢做，就這麼做成了。

做大事者不糾結，成大器者不囉嗦，那些莽撞的人反而更容易贏。先動手開始做，才能一步一步逼近成功。如果你不開始做，你腦子裡就都是在論證「要不要做」；而你一旦開始行動，你就開始了對「怎麼做好」的論證，也就是你一旦開局了，就進入了疊代模式，每多做一步就離成功更近一步，因為問題都是在做事的過程中一個、一個被解決的，空想不能解決任何問題。

所謂成事，就是用魯莽定律開局，用疊代思維持續行動。

質量疊代：起步不求高分，持續疊代到高分

疊代實際上分為兩種：一種是質量疊代，另一種是體量疊代，兩種疊代的打法不同，我們先來說質量疊代。

先問一個問題：「產品一定要做到八十五分才能推廣嗎？」

十點讀書創辦人林少的看法是否定的。他說：「我覺得不是。我覺得產品是逐漸疊代的，比如我們這個產品現在可能是六十分，沒關係，先上線，先去吸引用戶，讓用戶來使用我們的產品，然後接受他們的意見，不斷改進、不斷疊代，直到從六十分變成八十分，再到更高分。」

令我悲傷的是，我想到了我的一本書，那是一本關於公眾號如何營運的書，其實二〇一七年年初我就寫完書稿了，之後書出版後竟然沒有公開銷售，所以這本書沒有在京東、當當、天貓等平臺上販售，只是賣給學員和企業客戶。

心痛。

我在二〇一七年八月到十一月又疊代了一版，書稿完成了。結果，這本書拖到二〇一八年十一月才出版上市，但銷量很差。

心痛。

做事的時機是非常重要的。范衛鋒在二〇一五年出版了《新媒體十講》一書，由此奠定了他的行業地位，他被稱為「新媒體參謀長」，後來內容投資這一塊做得很好。

二〇一七年年初，那是一個人人都想做公眾號的時期，如果那時候我的書正式上市了，一是我的書可能會賣得很好，二是我和公司的品牌形象將會大幅提升。

二〇一八年年底，我要獨立做自己的書，於是請教了出版行業的一個前輩——王留全老師。

我問他說：「我想寫一本寫作領域的經典書，應該怎麼辦？」

王老師說：「經典是沉澱的結果，你要快點先出一版，然後每隔一、兩年疊代一版，最終有可能成為經典書，你現在要卡位，不能憋著。」

所以，在做那些關鍵時刻比較重要的事情時，你不要想著一定要十全十美，起步不求高分，要持續疊代到高分，你要先卡位，吃紅利。

二〇一九年六月，《大人的11堂寫作課：實現讓生活、工作都成功的複利人生》出版了，到二〇一九年年底在中國已經賣了將近四萬冊，第一版當然不夠完美，但是我可以持續地疊代、再版，個人成長也是如此。

我創業後創立了內容團隊，聘僱了五個人，最終只留下兩個人。在離開的三個人中，有一個在我們這裡待了兩個月，卻只發了三篇稿子。離開之前，我跟他深入聊了一次。我對他說：「你的文筆不錯，是有駕馭語言的能力的，你接下來可以繼續從事寫作工作，但你不適合我們這裡。」

為什麼？我們的公眾號已經是個大號了，平均瀏覽量達三萬以上，每發出一篇文章可能就有三萬人看，所以我們對稿件的要求很高，必須是八分以上的稿子，否則就「斃」掉。

他雖然有機會成長為能寫出八分稿件的作者，但他當時的水準只能寫出六分稿件，這就意味著他會不斷被斃稿。如果沒有機會發稿，他就沒有機會從六分疊代到八分。

疊代需要將文章一篇、一篇地發出來、收集回饋、不斷成長，他在我們這裡沒有疊代的機會。所以我給他的建議是，找一個規模暫時沒那麼大的、對稿件要求暫時沒那麼高的平臺，去寫大量的稿件，一篇、一篇地發稿，疊代自己的能力，這樣一年後，他可能就是一個很優秀的作者了。

我給他看了我二〇一五年寫的很多稿子，我當時的寫作水準還沒有他高，但是當時我們平臺的要求沒那麼高，所以我就可以在那裡拚命地透過寫稿練手，寫了一百多篇文章之後，能力就疊代、提升了。

如果我入行時就加入一個對我要求很高的平臺，可能我也沒機會疊代，甚至還會被判定為吃不了這口飯，這就是質量疊代——它的特點是起步不強求高分，持續疊代到高分。

體量疊代：起步不求規模，持續疊代成規模

如果你要開餐廳，你是會直接推出很好吃的菜，還是說管它好吃不好吃，先上了再疊代？你肯定會採用前一種做法吧。

開餐廳肯定不能用質量疊代法，菜品一推出就應該是八十五分以上的，否則客戶和市場都不會給你疊代的機會。

為什麼林少說產品只要達到六十分就可以上線？一個人說什麼，跟他過去的經歷、過程有關。拿林少來說吧，他是公眾號「@十點讀書」的創辦人。

十點讀書第一次推播文章是什麼時候？二〇一二年十一月二十六日。

微信公眾號是哪天上線的？二〇一二年八月二十三日。

也就是說，微信公眾號上線僅三個月，十點讀書就開始營運了。那時候僅靠摘抄一些勵志文、雞湯短文，將它們發在公眾號上就可以增加粉絲數。林少說，二〇一八年之前，他們幾乎可以說是躺著賺錢的。

俞軍說過：「當你找到一片藍海，找到一塊用戶體驗為零的領域，你需要做的是什麼？你是要把用戶體驗做到一百分再發表產品，還是做到六十分就快速鋪開市場？」

當然是後者，攻城掠地，速度第一。這是在藍海市場用戶紅利期時的策略，你要充分利用先發優勢。

這就是為什麼林少說產品只要達到六十分就可以上線，因為二〇一二年的公眾號營運市場就是絕對的藍海市場。如果今天林少想再做一個新公眾號，將文章寫到六十分就推播出去，那他有機會做起來嗎？完全沒有。

時代變了，如今公眾號營運市場是紅海市場，你做六十分的東西、相似性的東西，基本上是死路一條。你必須做八十甚至九十分的內容。為什麼？因為現在吸引用戶要靠競爭。

在藍海市場競爭，就像你在人擠人的廣場上開了一間店，你一開門就有用戶自動湧入。

在紅海市場競爭，就相當於你在店擠店的廣場上開了一家店，你必須想辦法讓用戶在多家店裡選擇你的店。

同理，在公眾號用戶紅利期，用戶會從別的地方流入公眾號生態系統。如今，用戶是從一個公眾號流入另一個公眾號，在公眾號這個生態系統中內部流動。

但是如何讓用戶流入你的公眾號？比如，你面前有很多條河，你也挖了一條河，想把別人河裡的水引到自己河裡，那你就要問：「水什麼時候會流動？」答案是有落差的時候。做公眾號、做內容也是如此，你的用戶價值越大，用戶體驗越好，你的河床就越低，這樣，用戶往你這裡流的機率越大。

俞軍說過一個公式：用戶價值＝新體驗－舊體驗－替換成本。

公眾號的競爭，已經從增量競爭變成了存量競爭。如果你今天要做內容，就要做八十分以上的內容，只有這樣才能塑造品牌、製造口碑。

實際上，這就是品質一步到位，體量逐步疊代，也只有在品質上一步到位了，你才有機會在體量上疊代。

我做了很多後來者居上的事情，都是用「口碑啟動，體量疊代」的思維實現的。

比如做公眾號，我二〇一八年三月才開始做，但我不追求更新頻率，不追求發文數量，我只追求用戶看完一篇期待下一篇，就這樣啟動了體量的疊代。現在我的公眾號有了七十六萬用戶，我才反過來追求更新頻率和發文數量。如果一開始發文品質不好，我沒有機會質量疊代，用戶就會直接取消追蹤。

再比如做寫作訓練營，我二〇一九年四月才開始做，幾乎算是行業內最晚的，但是我們從第一期開始就是下重本營運，獲得了很好的口碑，就這樣啟動了體量的疊代。二〇一九年，我們連續開了八期寫作訓練營，同時還開了三期進階訓練營。二〇二〇年，我們每一期招生都比二〇一九年順利。

這就是體量疊代的思路：起步不求規模，持續疊代成規模。

靠什麼啟動體量疊代？答案是品質和口碑。

人生是一場馬拉松，起點不決定終點，我們要用疊代思維持續最佳化我們的人生；做事也不是一錘定音，開局不決定終局，我們要用疊代思維持續疊代品質和體量。

思考

升級思維的目的是改變行動。

看完這節內容，你最想啟動並開始疊代的一件事是什麼？為什麼？

第二節——動態思維：你看見的都是靜態的，判斷都應是動態的

什麼是動態思維？動態思維的反面是靜態思維。

擁有靜態思維的人看到的是現狀和結果，擁有動態思維的人看到的是演化和路徑；靜態思維關乎當下，動態思維關乎未來；擁有靜態思維的人看到的是不變，擁有動態思維的人看到的是變化。

看見的都是靜態的，判斷都應是動態的

有一天，我接受了兩小時的採訪，談談我這幾年寫作歷程的變化。我發現我的寫作之路大概分為三個階段：

第一階段，整理資訊和追熱點能力強。

第二階段，格式寫作和模仿寫作能力強。

第三階段，原創價值輸出能力強。

我總結完就想起，在第一階段，也就是我剛進入寫作行業一年時，不少同行都看不上我寫的東西，說我這個人沒有原創能力，只會追熱點和整理資訊。當時我是我所在的內容組中做10W+熱門文章最多的人，但很多人覺得我沒什麼能力，未來不會多厲害，只是占了傳播技巧厲害的優勢而已。

我當時挺不服氣，但沒有多說什麼，因為從靜態的角度看，確實如此。不過從動態的角度看，他們忽略了一點：我會在保持新媒體傳播技巧優勢的同時，一年、一年地提高原創價值輸出能力。

一晃四年過去了，當初瞧不起我的人都無話可說了。其實我也犯過這樣的錯誤，老是從靜態的角度去判斷一件事和一個人。

最初我做新媒體講師時，就對一些同行不服，我也會判斷他們做不長久，因為我心想：「你們專業能力不夠，講課品質太差，也就暫時憑著你們的包裝能力和行銷能力把課賣好而已，未來一定屬於我這種認真把課程做好的人。」

從動態的角度看，我忽略了一點：他們會在保持自我包裝能力和行銷能力的同時，一年、一年地提高專業能力和課程品質，等到他們將專業能力和課程品質有所提升後，競爭力就會進一步提升。

火槍剛被發明出來時，射箭的人說：「火槍雖然使用方便，但那殺傷力太弱了，還不如箭。」射箭的人忘了，火槍在確保方便性的同時，殺傷力也在一年、一年地提高，等殺傷力提高後，射箭的就被淘汰了。

汽車剛被發明出來時，就遭到了馬車車夫的嘲笑，可是汽車被嘲笑的地方一年、一年改進後，馬車就被淘汰了。

當做一件事需要A、B兩種能力時，你可能A能力強、B能力也滿強的，但有個人A能力超強、B能力很弱，他的綜合能力竟然有超過你的趨勢，這時你就很容易瞧不起別人，心想：他先把B的能力提升了再說吧！

但我問一句：「他提升了B能力之後，哪裡還有你的空間，你不就算是直接輸給他了嗎？」

面對競爭對手時，不要嘲笑對方的弱點。如果你足夠理性，你就要想：我現在之所以比他厲害，是因為他有那個弱點，如果有一天他克服了那個弱點，我還能贏他嗎？

如果你的答案是「不能」，你還笑得出來嗎？當然笑不出來，因為對方可能正在默默地克服那個弱點。

動態思維首先是一種判斷思維，要求你學會在變化中看問題、看自己、看別人，以看清自己的位置，提高自己的競爭力。

歷史學才是未來學，過程學才是結果學

從高中起我就喜歡讀人物傳記，喜歡看俞敏洪、馬雲這些商業人物的經歷故事。上大學時，我讀了《林肯傳》、《富蘭克林傳》等名人傳記，從事新媒體工作後，我喜歡寫人物稿，這些喜歡都指向一個原因——我喜歡研究強者、學習強者。

多數人只盯著強者的風光，而我喜歡研究他們的過去。我喜歡看一個人的過去，研究一個人一路走來的過程。若只是用靜態的眼光看一個人的當下，你看到的再多，也不算有洞見。**洞見是看到未來，你只有研究一個人的過去，看清楚他一路走來的演化路徑，你才能見人所未見，甚至看到這個人將去向何方。**

所有去處，都有來路；歷史學才是未來學，過程學才是結果學。

從二〇一八年三月到二〇二〇年三月，我做公眾號還能「殺出一條血路」，累積近七十六萬用戶，能取得這樣的業績，我靠的只是寫作能力嗎？

很多熱門文章寫手都嘗試過自己做公眾號，但一敗塗地。那為什麼我成功了呢？你去看我的過去。除了寫文章，我從二〇一六年起就開始研究大量的公眾號，我拆解過一条、大象公會、十點讀書、黎貝卡的異想世界、差評、胡辛束、孤獨大腦、生煎孢子、李叫獸、剽悍一隻貓、papi、日食記等數百個帳號。

二〇一七年，我寫了兩門教公眾號營運的課。關於怎麼做公眾號、怎麼營運公眾號，我講了一年的公開課和企業內訓課，當然，這期間我也堅持寫作練習。

所以，我除了會寫熱門文章，還比大多數會寫熱門文章的作者更瞭解如何創建一個公眾號、打造一個公眾號、營運一個公眾號。從定位到啟動，從增加粉絲到留住粉絲，從營運到變現，這一整套打法以及在什麼階段用什麼策略，我都非常清楚。

很多以為我只是透過寫熱門文章把公眾號做起來的人，都沒有研究過我的過去，但我當年研究那些公眾號號主是怎麼做公眾號時，是在拚命、用力地深挖。

他什麼時候註冊了公眾號？他什麼時候推播了第一篇文章？他在籌備時都做了哪些

準備工作？他第一篇熱門文章寫於何時，寫的內容是什麼？他第一個一萬粉絲、十萬粉絲是如何獲得的？他做公眾號的過程中有什麼關鍵點？他是什麼時候開始創立團隊的？他是如何定位公眾號的？他是如何持續生產內容的？他平時是如何學習、成長的？他多大了？他是學什麼專業內容的？他過去的職業經歷是怎樣的？

任何領域都有不少大咖，他們分享自己的成就時，你可能會羨慕得不得了，他們大多在講成功的事蹟，不講淒苦的經歷。說實話，這也是大家愛聽成功人物故事的原因。

很多人羨慕我可以上臺講課，有去大企業講課的機會，我的網路課程也有大平臺幫忙推廣，但你知道我是怎麼一步步走過來的嗎？

我一開始只在微信群與人分享。第一次在群組裡分享時，我講了半小時，此前準備了好幾天，寫了逐字稿，然後在家裡一遍、一遍練習。在微信群的分享次數多了，人家覺得不錯了，才給我製作錄音課的機會；錄音課做得好了，人家才敢讓我做露臉直播課。人家也不是一來就敢讓我去上講座，而是先免費找一群人，找個小場地，讓我免費講給大家聽，覺得我可以了，才敢讓我出去講。

所以，比起強者們當下是怎麼成功的，我更關心這些人最初是什麼樣子的、這麼多年來他們是怎麼一步步走過來的、是什麼帶給他們今天的成就，這些才是真正對我有價值且有指導意義的。

學習是為了看清未來，拿到結果。動態思維就是一種很好的學習思維，它會告訴你，歷史學才是未來學，過程學才是結果學。

用靜態的眼光看自己，用動態的眼光看自己

處在群體中的人總是喜歡比較。這種比較是人們情不自禁就會表現出來的，沒有人能夠避免。我們喜歡比較，卻又不懂得如何正確地比較，所以比較成了很多人焦慮和痛苦的來源。

「為什麼他和我同樣年齡，他卻這麼厲害？」

「為什麼他懂得這麼多？」

「為什麼他邏輯思維能力這麼強？」

「為什麼我不如他？」

為什麼很多比較意義不大？因為兩個人的構成要素差太多了，這就導致多數比較不

對等，成了自討苦吃的比較。

第一種自討苦吃的比較源於忽略專業維度：你跟職業寫手粥左羅比寫作能力，粥左羅跟專業的滑板運動員比滑板技能，相當於韓寒和潘曉婷比撞球，潘曉婷和韓寒比賽車。大家都有各自的職業，也有各自擅長的東西。我寫作能力比很多人強，但很多人的資源整合能力比我強、銷售能力比我強、管理能力比我強。專業維度不同的人，與其互相比較，不如互相學習。

第二種自討苦吃的比較源於忽略時間維度：你是職業寫作者，粥左羅也是職業寫作者，你才寫了半年，你和已經寫作四年的粥左羅比，就是自討苦吃；粥左羅是業餘滑板選手，你也是業餘滑板選手，粥左羅滑了四年，你滑了十年，粥左羅和你比，就是自討苦吃。

時間維度不同的人，**與其比較，不如學習；與人比較，不如與己比較**。

「現在的我，肯定不是這裡最好的；現在的我，是更好的自己。」第一句體現了暫時忽略與人的比較；第二句的「更」字，則體現了與己的比較。

A的寫作能力可以打七分，你的寫作能力可以打六分，你一比較就會顯得不開心。但兩個月前你只能得四分、五分，現在你雖然得了六分，但其實你進步很大，你難道會不開心嗎？

與人比較，要拿與你處於同階段的人比較；與己比較，是拿現在的自己和過去的自己比較，看自己是否進步。如果你非要與人比較，千萬要加上時間維度，進行同階段比較。比如A寫作五年了，寫得很成功，你寫作才一年，寫得不夠好。你若非想跟A比較，應該怎麼比？

第一，你應該拿現在的自己和四年前的A比。

第二，你應該拿四年後的自己和現在的A比。

這種比較才有意義。除非你天賦異稟，否則你憑什麼拿一年的奮鬥成果和人家五年的奮鬥成果比較？

什麼是用靜態的眼光看自己？答案就是只看當下的自己，並且拿當下的自己和當下的別人做比較。可是，當下的自己表現差，不代表你過去一年沒有進步，更不代表一年後你還是如此。

什麼是用動態的眼光看自己？答案就是加上時間維度，既看當下的自己，又看過去的自己，還要展望未來的自己。如果你現在表現很差，可是你在持續不斷地進步，你還會不開心嗎？不會，因為你知道兩年後的你會很成功。

看別人時，要用動態的眼光去看，不要用靜態的眼光看。你不要盲目地覺得一個人很優秀是因為他三年前的水準就是這樣，這三年期間他沒進步；你更不要小看一個現在還籍籍無名的人，很可能他在持續不斷地快速進步，兩、三年後就會赫赫有名。

所有判斷都應該加上時間維度，所有學習都應該挖掘演化過程。世界是變化的，成長是動態的，我們要用動態的眼光去看待任何事物，用全方位的角度去看待問題，更客觀、辯證地看待自己，更充滿信心地面向未來。

思考

升級思維的目的是改變行動。

請反思一下，你在看待哪些問題時，犯了用靜態的眼光去看待的錯誤？你在哪些地方進行過錯誤比較？

第三節——長期思維：越對未來有信心，越對當下有耐心

如果一個人沒有長期思維，沒有耐心，開始急躁，他一定是要開始走下坡路了。因為凡事都需要付出，沒有耐心的人會害怕付出，沒有付出必然沒有回報。

我們大多數人都不是含著金湯匙出生的，背景一般、資源一般，起點不高，但我們不必羨慕那些年少就功成名就的人，我們可以按照自己的節奏成長，即使我們晚一點找到適合自己的事業，晚一點成功也可以。

人生是一場馬拉松，它足夠長，人的平均壽命變長了，所以人生不是太短了，而是太長了，長到每個人都有機會做成自己想做的事，成為自己想成為的人。

這個過程中最重要的，不是誰走得快、誰跨的腳步大，而是誰更具持有續性和穩定性、誰始終在走上坡路。不如意時不認命，始終懷有希望；小有成績時不滿足，始終給自己更高的追求；堅信長期價值，耐心地與時間當朋友。

時間系統：因為看見，所以相信

長期思維的第一個關鍵字是時間系統。

時間系統要求你有面對未來的耐心，耐心對我的幫助一直都很巨大。

我可以在咖啡廳裡從早上十點坐到晚上十點，吃喝都在那裡，只為了寫好一篇稿子；我可以為了寫好一篇稿子，用兩、三天準備十幾萬字的素材；我可以花整整六個月的時間只寫一門課，然後再花三個月的時間疊代一版。

人有耐心意味著什麼？它意味著，你心無旁騖，你相信價值，你不焦慮、不急躁、不盲目地跟別人比較，你有自己的節奏，你願意投入精力，做讓自己驕傲的事情。

我最有耐心的那三年，正是我成長最快的三年。

有耐心的人採用的是過程思維：相信時間的力量，明白真正的成長需要長期的付出，明白做一件事沒有捷徑，必須耐心地投入每一個重要環節，明白一個人完成大的飛躍都需要一定的週期，明白結果是過程的結果。

沒耐心的人採用的是終點思維：總是希望快點看到結果，不管最終效果怎樣，總是希望更快地做完一件事，任何需要長期投入才能有收穫的事情都會讓他急躁。沒耐心的人更看重短期效果，等不了長期價值。

我跟一個創業的朋友探討這個話題時，他說：「你有耐心，本質上不是你相信耐心能帶來什麼，而是你提前看到了那樣的結果，所以你敢持之以恆。那些沒耐心的人之所以沒耐心，是因為他們看不到、看不清未來的那個結果，他們不敢輕信對這件事付出耐心。」

他的話是有道理的，很多人都是這樣的，想付出，又擔心付出沒效果：想學寫作、想學寫程式、想學英語、想學PS（修圖）、想學吉他、想學舞蹈，但怕自己學一年也學不好，結果呢？很多人在糾結中度過了一年、兩年，實際上什麼都沒學也沒做。

如果你一開始選擇相信，耐心地去做，是不是今天可能就會不一樣？

我為什麼有耐心？我因為看見，所以相信。但這個「看見」並非真的看見，而是我看懂了時間系統的運行規律。

我有個朋友在營運公眾號，日常推播以轉載為主。有一天，他在一個很喜歡的公眾號上挑了一篇品質和瀏覽量都很高的文章，轉載到自己帳號上後瀏覽量卻很低。他不服氣，第二天又挑了一篇相同類型的文章，瀏覽量依然不高。

我說：「你現在再努力也改變不了現狀，因為現在你發的文章的瀏覽量是由你過去給人的印象所決定的。你過去半年發的都是『震驚體』、『誇張標題』、『雞湯文』，這就決定了當下你發這一類的文時，瀏覽量才會高。如果你現在堅持發知識性、高品質的文章，瀏覽量暫時都不高，但三個月後瀏覽量會變高。」

對時間系統的運行規律更簡單明瞭的解釋是：如果我現在不夠格，那麼我現在再努力學習也還是不夠格，因為我現在不夠格是由我的過去所決定的，我現在努力學習，是為了一年後能夠格。

時間系統是這樣運作的：**當下的結果是過去決定的，當下的努力會在未來見效**。很多人說自己明白這一點，但現實中我看到的是很多人不明白這一點。

比如在我的社群裡，經常有人問我：「粥老師，我最近在練習寫作，為什麼我不管怎麼努力都寫不好？」

如果這些同學真的明白時間系統的運行規律，就不會問這個問題。你現在寫不好，是過去你沒好好練習所導致的。而讓你現在努力練習，不是為了現在就能寫好，而是為了讓你半年後能夠寫得好。

很多人不懂時間系統的運行規律，做什麼都沒有耐心，比如寫作，寫了兩個星期還寫不好，放棄了；健身，練了兩個星期還沒有腹肌，放棄了；保養，擦了兩個星期的保養品，皮膚還是那樣，放棄了；看書，看了一個月感覺學不到什麼，放棄了。

你看到的所有現象都有時間延遲，而技能的學習、能力的養成、個人的成長，延遲週期可能都不短。

如果你深刻理解了「過去、現在和未來」這個時間系統的運行規律，你就能提前看見在這個系統裡按照正確方式做正確事情的結果，你就會相信耐心，最終你就會「因為相信，所以看見」。

長期思維的具體表現就是，一開始是「越對未來有信心，越對當下有耐心」，然後是「當下越有耐心，未來越有信心」，最後是信心和耐心並存，看見和相信共進。

複利系統：累加週期越長，複利效應越明顯

長期思維的第二個關鍵字是複利系統。

很多事情無法累加勢能。你這次買樂透有沒有中獎和你下一次會不會中獎毫無關聯；你搬了一萬塊磚之後，再搬一塊磚所花費的力氣絲毫不會減少；你喝了一萬杯咖啡

之後，再買一杯咖啡，一樣要付一杯的錢。

幸運的是，有很多事情可以累加勢能，產生複利效應。

一千六百五十多年前，有一位叫樂尊的僧人來到敦煌。他在山腳下休息時，被夕陽照耀下的三危山所震撼，於是決定留下來。

他請人在山上開鑿石窟，用以修行，這便是敦煌的第一座石窟。從此之後，無數後繼者繼續來開鑿石窟，雕塑佛像，繪製壁畫，這就是世界文化遺產千佛洞的來歷。

千佛洞這一傳世作品的創造者都是普通工匠，他們畫的每一筆、刻的每一刀，如果沒有匯入這條長期主義的大河，所有的努力都會隨風而逝。但好在這些努力都匯入了長期主義的大河，產生了極大的複利效應，最終沉澱成中華藝術瑰寶。

長期主義的複利效應到底有多強？我剛才舉了一個大工程的例子，現在我再舉一個小工程的例子——一把小提琴，斯特拉迪瓦里小提琴。

斯特拉迪瓦里小提琴是樂器中的稀世珍寶，據說三百年前做出了一千把左右，這一批現在存世約五百把左右，一七一一年左右，黃金年代時也就只有幾十把。從十七世紀以來，該琴為人們所渴求，被銀行、基金會和富有的收藏家所收購。

許岑老師有幸拉過一把黃金年代的小提琴，價值可能高達一千五百萬美元，拉了約四分鐘。

這種琴為何值天價？因為不可複製。這種不可複製一方面體現在製琴師和製琴技藝是獨特的，但這不是最重要的，最重要的是另一方面——時間的賦能。

這種小提琴最大的競爭壁壘是由一代代頂級演奏家所築就的。小提琴的聲音特色大抵上由共鳴決定，在小提琴上所按出的音準精度，每一次累計起來都形成了對小提琴木頭的共鳴訓練。

用一支好弓拉琴和用一支壞弓拉琴對琴的共鳴訓練不一樣，在音樂廳演奏和在家裡演奏對琴的共鳴訓練也不一樣。一代代頂級演奏家用一支支好弓不斷地在演奏廳演奏它，再加上名家的演奏次數和練習量無人能及，琴就這樣被一代代名家塑造了出來。

所以，這種琴是無法複製的。這就如同你用今天最好的建築技術仿建一座古建築是徒勞的一樣，我們唯一能做的，是等待三、五百年甚至上千年，讓今天的建築變成古建築。

長期的累積，時長就是壁壘；時間對每個人又是公平的，所以你幾乎無法打破這個壁壘。

寫這部分內容時，我已經寫作近五年，寫作量達四、五百萬字，我給廣告方寫文章並發表文章的價格是六萬元一篇，這是寫作經驗經過五年累加的結果。

我的同事翻出二〇一五年我剛開始寫作時的文章，那時的文章簡直是垃圾；再看二〇一六年的文章，水準好一些了，但還是一般；再看二〇一七年的，水準已經超過很多人；來到二〇一八年，我寫的文章被眾人認可，我做了自己的公眾號；再到今天，我想出書時，出版社會提供我良好的條件和資源來合作。

如果我在二〇一七年放棄寫作了，那我二〇一五年寫的垃圾文章就真的是垃圾，但我一直沒有放棄，所以最初的垃圾文章彷彿比黃金還貴。我沒有放棄，因此我寫的每一篇文章都是下一篇文章的墊腳石，這就是累加的力量。

我在寫作的五年中，身邊不斷有人和我一起寫，然後放棄，又有另一群人和我一起寫，又放棄。我見過很多天分不錯的作者，他們如果和我一樣寫到今天，靠寫作獲得高收入，實在太輕鬆了，但他們放棄甚至轉行了，技能沒有累加，如今他們做別的收入不高，想再寫作又要經歷時間的累積才能獲得高水準，他們等不了。

我舉的是我寫作的例子，其實讀書、學習、成長、職業發展都是如此。在一個領域裡深耕，讓每一份付出都累加下去，你會越來越優秀，而且提升的加速度也會變大，因為有複利效應。

長期主義的累加策略要求你的不僅要堅持你想做的事，而且不能中斷，因為一旦中斷，前功盡棄。

戰略耐性：忘記短期穩定，追求永續繁榮

長期思維的第三個關鍵字是戰略耐性。

耐性體現在持續做一件事的耐心上，戰略耐性體現在當下做布局和選擇時更面向未來。人的一生很長，職業生涯很長，長到讓你可以遇見很多機會，長到讓你知道一時的穩定是靠不住的。在時間的長河裡，一切都在不斷地被打亂、被重組。

如果把自己的一生當作一個企業來經營，我們不妨先思考：一個企業如何永續繁榮，成為千萬企業中長盛不衰的明星公司？不同企業有不同的方法，未來的結局也註定不同。

比如阿里巴巴，二〇一六年六月十四日上午，馬雲在阿里巴巴投資者大會上，面對兩百多位全球投資者和分析師，發表了近四千字的演講，聊阿里巴巴的野心、遠景和使

命。

演講中，馬雲這樣回答了我上面說的問題：「永遠要想下一個十年做什麼，因為任何網際網路模式可能都無法繁榮超過三年。」所以，馬雲把阿里巴巴的業務做成矩陣，輪流上陣，讓旗下每個業務都輪流繁榮。

馬雲說，雲端科技公司阿里雲應該在二〇一九年收穫，物流公司菜鳥網路應該在二〇二三年，這些都是阿里巴巴十年前種下的種子。

比如聯想（Lenovo）和阿里巴巴著眼於未來的布局相反，聯想曾經試圖集中資源在手機市場上。

二〇一六年，楊元慶在接受採訪時說，聯想電腦不但是全球第一，而且還有百分之五以上的淨利潤，如果聯想智慧型手機的市場占有率能像電腦一樣（百分之二十），那就是近一千億美元。

那時候的楊元慶仍然把聯想集團業績增長的希望放在智慧型手機上，並且集中投入了很多資源，而當時全球智慧型手機的銷量速度已經明顯放緩。

比如亞馬遜，執行長傑佛瑞・貝佐斯說過：「你犯的錯誤需要隨著公司的發展壯大而變大。如若不然，你就無法進行相應的創新，就無法推動公司更快地向前發展。」

我第一次聽到這句話的時候感到震撼。細想一下，其實他是在講長期思維，如果你未來想領先別人，你就必須自斷穩定，不停地往舒適圈外闖蕩，用創新的先發優勢及其核心競爭力去做領頭羊，而創新在某種程度上就是大膽地試錯，貝佐斯的意思大概就是這樣。

華為公司總裁任正非說過，大機會時代，一定要有戰略耐性。人如企業，且人的生命比大部分企業的壽命更長，與其追求短期穩定，不如追求永續繁榮，這就要求你在個人發展的過程中也要有戰略耐性。

比如找工作，一份穩定的工作月薪八千元，一份充滿挑戰的工作月薪五千元，你會怎麼選？若不認真想，你會認為選後者肯定是找罪受跟自虐。但是，在做每一個選擇時，你一定要看未來的發展前景。具體來說，那份穩定工作有沒有前景？能不能讓你不斷成長？

你應該問：「哪一份工作中重覆性動作占比大？做哪一份工作可以讓自己一直增長新知識、新技能？這份工作是否能幫我找到下一份更好的工作？」在找每一份工作時，你不應該貪圖當下的穩定，而要看它能否培養你的未來競爭力。

比如在工作過程中，我們是否有這種意識：以最快的速度做完標準化的機械性、重複性工作，用剩下的時間去做那些非標準性、可以無限逼近完美的工作？

當然，工作性質並不是只有這麼極端的兩種，但它總有傾向性，我們也要有傾向性，以便為下一步做準備。

比如在一個工作崗位上，「做什麼」、「怎麼做」、「怎麼做才能做得更好」這三點哪個最重要？我們總以為「做什麼」是顯而易見的工作職責，每天要想的當然是「怎麼做」和「怎麼做才能做得更好」。但其實當我們做到一定水準的時候，我們應該要多加思考「做什麼」，即打破固有的思維定式，看看再做些什麼，看看除了工作要求，我們還要再做些什麼。

「怎麼做」和「怎麼做才能做得更好」關乎技巧；「做什麼」關乎格局，體現了戰略思考，是為下一步做準備。

曾經我們追求獲得一家公司的「鐵飯碗」，如今我們追求獲得個人能力的「鐵飯碗」。前者反映了短期思維，聚焦當下的穩定；後者反映了長期思維，著眼持久的繁榮。

時代變化越來越快，滋生職業穩定的土壤沒了，穩定的工作也越來越少，對自己最大的殘忍就是讓自己追求穩定。

如果這個時代有鐵飯碗，那它必定不是某個企業的某個崗位，而是你不斷疊代的個人能力，是你隨時離開用人單位的能力。**追求個人能力的鐵飯碗，不是追求在一個地方吃一輩子，而是追求走到哪個地方都有飯吃。**

發展得好的人都有自己的鐵飯碗，這樣的人可能會換公司、換平臺，但他們絕不可能失業，因為他們佔據的不是一項能力外化的崗位頭銜，而是掌握了一項能力的核心，這項能力外化後，他所在的崗位不管以什麼樣的形式在改變和創新，他都能「隨風而變」，讓自己依靠「土壤」再成長。做到以上這些，需要一個人有極強的戰略耐性，因此戰略能力是最重要的能力，而長期主義的耐性則是成就任何事業的必備品質。

以上就是長期思維的三個關鍵字。時間系統會賦予你一雙看見未來的眼睛，複利系統要求你在一個領域裡不中斷並持續累加，戰略耐性讓你的個人能力得到持久提升，讓你的事業得到永續繁榮。

思考

升級思維的目的是改變行動。

看完這節內容，你可以思考一下，在你的工作中，哪些部分幾乎無法累加勢能？哪些部分可以持續累加？

第四節——週期思維：沒有人能持續跨越週期，普通人永遠都有新機會

什麼是週期？週期體現在三十年河東，三十年河西。興衰成敗，一直在變。

週期有兩面，它告訴我們：你混得風光時，別得意、別驕傲，要低調、要謙虛。在這個時代，大多數行業的週期疊代速度可能超過你的反應速度。讓你風光無限的行業隨時可能被顛覆，你累積的技能可能隨時變得一文不值。

你發展得不好時，也不要妄自菲薄。你要知道，不管是職業生涯，還是整個人生，都很長，你還會遇到很多翻身的節點。

如果你一直處於做好準備的狀態，很可能下一個機會你就能抓住，下一個週期就是你的週期。

比競爭更可怕的是週期疊代

中國歷史上，西周曾經斥資研究戰車，比如研究車軸的打造技術，研究用木材做成圓輪且圓輪不能分解的方法。當時，在沒有潤滑油和橡膠的情況下，輪子能轉起來已經算是高科技了。後來，好不容易戰車技術達到了頂峰，結果人們發現戰車不能滿足需求了，騎兵才是最厲害的。騎兵根本不用跟戰車競爭誰的輪子轉得最快，因為他的其他性能遠勝於戰車，這種疊代性威脅是更可怕的。

從秦朝到清朝，兩千多年的封建王朝中，「特種兵」是弩兵。弩的技術不斷升級，從竹箭到複合弓、歐洲地中海式射箭，甚至出現了床弩。然後呢，你的弩再厲害，人家不跟你拚弩，西方列強手裡拿的是火槍。這就好比我們都用弩的時候，比的是誰的弩比較好，我面臨的是競爭性風險；但在我用弩的時候，你偷偷開始用槍，我面臨的是週期疊代風險，你進入了新的階段，我還在原地踏步。

戰勝報紙和網站的，是社交媒體。在社交媒體發展時期，媒體不再只是媒體，它更是一個社交平臺；內容不再只是內容，它更是一種社交工具；內容傳播不再靠代理商管道，人的社交行為都是在傳播內容。

新浪微博怕的不是另一個更好用的微博平臺，怕的是殺出來的微信；公眾號做得再好，也不能抵擋今日頭條，因為人家沒有想要做一個更好的公眾號。

為什麼有的人工作一直很努力，技能也在升級，卻突然被裁員了？因為社會已進入新的週期，他們的思維和技能還在舊週期，他們已從潮頭跌落。

週期疊代最大的特點是，舊週期裡大部分的強者變成新週期裡的弱者，舊週期裡的部分弱者變成新週期裡的強者，維持這個社會進步的動力也來自於此。社會上不會強者恆強，而是強弱更替，這裡隱含著兩層意思：

一、沒有人能持續跨越週期。

二、普通人永遠都有新機會

為什麼沒有人能持續跨越週期

以下為一九九七年、二〇〇七年以及二〇一七年全球市值排名前十的公司：

排名	1997 年	2007 年	2017 年
1	奇異（GE）	埃克森美孚	蘋果
2	荷蘭皇家殼牌	奇異（GE）	字母控股（Alphabet）
3	微軟	微軟	微軟
4	埃克森美孚	中國工商銀行	Facebook
5	可口可樂	花旗集團	亞馬遜
6	英特爾	AT&T	波克夏．海瑟威
7	日本電信電話	荷蘭皇家殼牌	阿里巴巴
8	默克集團	美國銀行	騰訊
9	豐田汽車	中國石油	嬌生
10	諾華	中國移動	埃克森美孚

從這三十年的三個排行榜中，你能看到以下內容：

一、變化巨大：過去二十年裡，只有兩家公司一直留在前十名中，一家是埃克森美孚，另一家是微軟。

二、第二個十年的變化比第一個十年變化大許多。除了微軟和埃克森美孚，其他八家公司都是第一次上榜。更可怕的是，其中六家網際網路公司在十年前都還默默無聞。

不光週期變化在加速，其加速度也在增大，每一個十年的變化量級都在提升。我們看古裝劇，有個詞叫「百年霸業」，現在別說百年了，你能獨領風騷兩個十年就很優秀了。誰能挑戰阿里巴巴、騰訊這樣的公司？我們很難想得到。但是，看上面三個排名，你就知道，一定有別的公司來挑戰它們，只不過現在，我們都不知道會是誰。

下一個十年、二十年會怎麼樣？會突破大多數人的想像邊界。

為什麼我們在講個人成長和發展時要講到公司週期？因為個人成長和發展附著在歷史大勢和行業變化上，公司週期是這兩者的直觀反映。

為什麼很多公司無法持續跨越週期？我認為有四個原因：

一、是去中心化趨勢

這是世界發展的趨勢，也是行業發展的趨勢。一個東西成為需求中心就意味著它經歷了從新需求產生到需求被極大滿足的過程。當需求被極大滿足時，需求中心開始轉移，因為它無法保持從前的增長了，新需求又出現了。

煤炭、石油、鋼鐵、電都曾經作為需求中心，因此也都催生過很多巨富，帶來了行業繁榮，但沒有任何企業是始終處於需求中心的。

各行各業都是如此，對多功能手機的需求成為中心一段時間之後，智慧型手機又成為需求中心，智慧型手機成為需求中心一段時間後，電商和內容又成為需求中心。

大成靠週期，大敗因週期。週期的力量是最強大的，時來天地皆同力，運去英雄不自由。

二、放棄成本太高

一九九三年，馬化騰從深圳大學畢業，進入華南傳呼市場的龍頭公司潤訊。五年後，技術能力不錯的馬化騰升任開發部主管，但隨之而來的是上升空間消失。

很快，馬化騰發現了一個機會。當時，ICQ[28]正在橫掃全球，上線短短七個月後，用戶數突破一百萬。儘管一九九七年ICQ未正式推出簡體中文版，但已經在中國網際網路圈裡快速流行。

28 ICQ：網路上最早出現的即時通訊軟體之一。

馬化騰受到ICQ的啟發，他判斷將呼叫器和網際網路結合的「網路呼叫器」才是未來，潤迅擁有幾百萬呼叫器用戶，無疑是巨大優勢。馬化騰向潤迅高層提議也做一個，做出來不僅有ICQ的功能，還能向呼叫器傳送訊息。

但潤迅正抱著一隻下金蛋的雞，對馬化騰研發的「網路呼叫器」毫無興趣。提案失敗後，一九九八年年底馬化騰離開潤迅，開始創業[29]。

任何抱著能下金雞蛋的雞的公司都不會願意丟下這隻雞去找新的下蛋雞。諾基亞無法放棄功能型手機去全力研究智慧型手機，因為放棄的成本太高，轉移的成本太高。

三、認知阻礙

其實大公司在滿足新需求上是有極大優勢的，因為大公司有錢、有人。

如果二〇〇七年諾基亞和蘋果都全力以赴研發智慧型手機，誰會贏？答案肯定是諾基亞。假設我們回到二〇〇七年，告訴諾基亞的高階主管：「二〇一三年，你們將會把公司賣給微軟，你們的功能型手機將會被智慧型手機澈底打敗。」那麼，當時諾基亞的

---

29 節選自《晚點LatePost》發表的文章：〈馬化騰和張小龍：踏不進同一條河流〉。

人會怎麼辦？他們肯定會立刻砍掉功能型手機的業務，全力研發智慧型手機。

這說明什麼？當時諾基亞根本沒有這樣的認知。

這體現了成功公司和新公司的認知施力點不同。成功公司已經成功了，它整個公司的認知施力點都圍繞在如何在現有的基礎上賺取更多利潤。新公司還沒有成功，它想成功，所以整個團隊的認知施力點都圍繞在新需求上。由此我們發現，在滿足新需求方面，新公司的認知水準幾乎是高於成功公司的。

這就是為什麼做出今日頭條和抖音的一定不是馬化騰、張小龍，而是張一鳴；做出網路團購平臺拼多多的一定不是馬雲，而是黃崢。

我們內容創業公司也是如此。一般公眾號運營得好的公司，都努力在公眾號上變現，所以抖音、直播做得好的，一般不是我們，而是新人，因為他們在研究新需求，在新需求的認知水準比我們高。

四、自我衰敗

企業在獲得成功之後可能會變得懶散和浮誇，這些特質會導致企業走向下坡路，很少有企業能躲過這個坎。總有新公司會透過努力創新、積極進取、持續奮鬥來打敗大公司，我們總以為這些新公司勢頭如此強勁，應該會把成功延續下去，但是這些新公司往往也會像它們之前打敗的大公司一樣，在取得優勢之後變得鬆懈和懶散，隨著時間推移，慢慢被新的一批公司取代。

其實人也是如此，我會思考如何才能繼續提升我的努力程度、時間管理能力和學習新東西的衝勁，至少不能比過去三年差，否則就會過早進入自我衰敗的境地。因為我很清楚，現在的成功其實不是當下的努力帶來的，而是過去三年所累積的，如果我現在放鬆了，那麼三年後就註定衰敗了。

限制我們思考的不是我們未知的，而是我們已知的。

捆住我們手腳的不是我們一無所有的，而是我們擁有太多。

為什麼普通人永遠都有新機會

其實這個問題的答案，就藏在上一小節「為什麼很多公司無法持續跨越週期」的答案之中：去中心化的過程中帶給了新人機會，新人沒有放棄成本或轉移成本，新人善於研究新需求，在新需求上有認知優勢，且新人的進取心更強。所以我不再延伸這方面的內容，我想從另外一個角度來說明。

商業之美，在於總有新人想戰勝實力雄厚的老人，不平靜就是一種美。如果百度、阿里巴巴、騰訊連續稱霸五十年，那就太沒意思了，後來者也沒有奮鬥的動力和意義。

不過，現實中不太會出現這種情況，因為有一種力量叫「創造性破壞」。微信對手機簡訊就造成了一種創造性破壞，今日頭條對微信也造成了一種創造性破壞，行動支付對現金支付也造成了一種創造性破壞。

從更大的層面來說，中國的企業家正在對美國的企業家進行創造性破壞。曾鳴教授在《智慧戰略》這本書中說：「一個不求甚解的觀察者對中國的印象可能還停留在二十年前——世界工廠或山寨產品橫行的落後市場。但現在，這種印象是一個危險的錯誤，尤其是在網際網路行業，中國企業正在創造世界級的產品和消費者體驗。」

曾鳴有一半時間生活在美國，身處美國時，他常常會覺得美國的金融服務業特別落伍。中國已經是全球行動支付技術的領先者，在中國，所有支付幾乎都可以透過手機完成，只要有行動網路，消費者就可以透過手機享受銀行服務和支付服務。在美國，人們仍然習慣攜帶裝滿各種信用卡、現金和支票的錢包，而且還是要帶上手機。

無論是在金融行業還是在網際網路行業，美國都算「老人」，中國都算「新人」，而創造性破壞，恰恰都來自新人。

為什麼呢？因為創新大多發生在傳統勢力單薄的地方。中國的許多行業缺乏強大的傳統設施或主導企業，這就為商業實驗和建設提供了開闊地帶。升級換代不會受到傳統的牽制或阻撓，也沒有很高的轉換成本，這種自由正是經濟學家約瑟夫．熊彼特所說的「創造性破壞」的要點，在美國，人們很容易獲得和享受先進技術，消費者市場成熟，行業結構穩定。在這種情況下，人們很難看到即將產生的變革。

從宏觀上說是這樣，從微觀上說，每個行業的從業者也是這樣。比如在內容行業，公眾號自媒體領域每年都會出現一批新人，以黑馬之勢衝擊老人、獲得成功。做課程的領域也是，比如這些知識內容平臺，「得到」的李翔很紅，「千聊」的劉媛媛很紅，「自己創業」的老路很紅，但每年都有新人冒出來超越老人。

創造性破壞理論是經濟學家約瑟夫．熊彼特經濟發展理論的基礎，因為有創造性破壞，所以有週期。

這是壞事，因為好不容易獲得成功，卻可能是衰敗的開始。

這也是好事，因為三十年河東，三十年河西，普通人也總有機會成功一次，就看你能不能創造性破壞。

普通人應該做什麼，才能迎接自己的週期

〈產品思維三十講〉主講人梁寧說過一段話：「我們所有人都出身草莽，大家都從無名之輩開始，尋找一個機會讓自己破土而出、冒出頭來，被世界看到。人生是持續的，世界在不斷向前，各種限制性條件會隨著時代的變化而改變，並且永遠會有新機會、新縫隙和新空間。」

那麼我們應該做什麼來迎接自己的機會和週期呢？每個人都有不如意的時候，在這段時間做什麼都看不到希望，感到焦慮、迷茫，越做越亂。

其實，人生不如意時，是上天在給你放長假。

你可以把握這個長假、享受這個長假，耐心做一點事。等到長假結束後，你在假期中累積的東西就會顯現它們的作用。我高中的時候就比較明白這一點，不過那時的「長假」是真的假期。

不放假的時候，大家水準差不多，甚至有的人還比你聰明，大家一樣勤奮，你讀書可能贏不過人家，不過還好，我們常常有假期。

假期是你的機會，週末、連假、暑假、寒假……你可以利用這些假期偷偷積蓄力量。這樣的話，每一次假期結束，你就會更強。

人生不如意時也是假期。不如意時，你可以做什麼？答案是做絕對正確的事情。

我大學那幾年非常迷茫，同學考研的考研，準備出國的準備出國，找實習的找實習，參加社團的參加社團，我不知道做什麼，但我看了幾百本書和幾百部好電影，這就是絕對正確的事情，這就是上天讓我放的長假。五、六年過去了，我再也沒有時間那樣讀書與學習了。

有人喜歡寫作，但是錯過了公眾號紅利期，問我還要不要繼續寫作。其實，一個喜歡寫作但沒有抓住機會的人，紅利期之後就是他不如意的時候，這就是上天給他放的長假。反正紅利期過了，假期裡，他可以安安心心地磨練寫作能力。總有一天假期會結束，當新的機會來時，他在假期累積的能量就可以釋放了。

每個人都有不如意的時候，都有低潮期。不同的是，有人會在這段時間內為未來積聚能量，有人會沉淪、會怨天尤人，假期結束後，這兩種人的結果又會不一樣。

人生不如意時，是上天在給你放長假，如意時努力奮鬥，不如意時蓄能。

一個人的職業生涯很長，一個人的一生更長。一個人會經歷很多輪週期，你既不用太著急，沮喪於錯過了人生中為數不多的機會；你也不要太得意，以為抓住了一次機會就能贏一輩子。

將眼光放到整個職業生涯，最重要的是從很多輪週期中「活」下來，結果就是贏。

週期是不可控的，堅持修練自我是可控的。

思考

升級思維的目的是改變行動。

看完本節內容，你可以思考一下，應該怎麼做，才能在多輪週期中不被淘汰，甚至有機會抓住更多輪週期中的機會？

第五節——投資思維：別沉迷賺錢的當下，而失去更有價值的未來

創投圈有這樣一個說法：創業公司分兩種，分別是賺錢的公司和值錢的公司。賺錢的公司不一定值得投資，但值錢的公司一定值得。

什麼叫值錢的公司？舉一個你能馬上明白的例子。

有兩家餐廳，第一家有優秀的主廚，店址處於黃金地段，該餐廳開了兩個月就實現了盈利；第二家花了上百萬元研發了SOP，但它既沒有名廚掌勺，所處地段也很一般，開了一年多了還在虧錢。

在投資人眼裡，第一家是那種能很快賺錢，但並不一定值錢的公司；第二家才是有價值的公司，因為它擴張起來更快、成本更低，所以即使它現在虧錢，也比已經實現盈利的第一家餐廳更值得投。

總結起來就是——值錢的公司是那些更有想像力、更看重未來的公司。

個人也是如此，一個人的競爭優勢不是今年賺了很多錢，而是未來還能繼續賺更多的錢。若要做到後者，就要讓自己變成一個有價值且一直都有價值的人，這就是個人成長中的投資思維。

本節內容不是講如何投資企業、股票、房地產等等，我分享的是將投資思維應用於個人成長中的四個成長原則。

敢於放棄一部分眼前的利益

有一次我去一間理髮店理髮，其實設計師剪得滿好的，我心裡是想要之後再來的，但因為設計師推銷會員推銷得太過了，根本不在意客戶體驗——我都生氣了，他還在推銷，我想結帳他卻囉囉嗦嗦不想結，還叫了兩個同事一起幫忙推銷會員卡。

我結完帳出來就跟逃出來似的，本來要辦卡也不敢辦了，而我現在常去的另一家理髮店做法卻截然相反。

我第一次去這家店理髮，設計師剪得還不錯，最重要的是全程沒有向我推銷會員制度，連暗示都沒有，我還滿驚訝的，因為這種理髮店真的不多。因為剪得不錯、服務又好，我下次又再度光顧。那次因為店裡人不多，設計師說可以幫我乾洗髮。

乾洗的流程是這樣的：

一、乾洗兩次（設計師會幫你抓頭，你會覺得很舒服）。

二、乾洗完沖水，沖水時順帶幫你洗眼睛——先用熱水泡毛巾並擰乾，接著把熱毛巾敷在眼睛上，然後再用溫水在毛巾上澆水。

三、洗完眼睛，他可以幫你洗耳朵，接著幫你擦乾頭髮。

四、接著按摩頭部、頸部、肩部，再幫你清潔耳朵，最後再幫你按摩整個手部。

這一整套流程做完，再讓你去理髮。

這服務也太好了吧，重點是乾洗和按摩竟然是不單獨收費的，而且設計師也沒有推銷會員。大概到我第三次去的時候，他們才跟我介紹了會員服務，我覺得很划算，於是毫不猶豫地申辦會員卡了。說實話，我早就等著他們向我推銷會員了。

後來，設計師看我消費能力不錯，於是向我介紹了他們二樓的臉部護理、按摩之類的服務，我之前理髮時也沒人跟我介紹過這些服務，這滿有意思的。後來我女朋友也來這家店消費了，慢慢地，我們在這裡理髮、護理、按摩、燙髮、染髮，兩年下來累計消費超過兩萬元。

放棄一部分眼前的利益，是為了在未來獲取更大的價值，而得到一樣東西最好的方式就是讓自己配得上它。

理髮店若想讓顧客辦會員，就得放棄第一次就賺大錢的想法，甚至放棄一部分眼前的利益，要先把客戶服務得舒舒服服的，讓自己的服務配得上顧客掏錢辦卡，這樣才能讓辦卡變得順其自然，讓每一筆錢成交得極其容易，細水長流，做長期生意，我自己也是這種思維的實踐者。

我做公眾號，其中一個商業模式是接廣告。對此，業界人士常規做法是：前期與甲方溝通，確定選題、提出大綱，調整並確認大綱，讓甲方支付預付金，寫初稿、改稿，給甲方確認，推播廣告，最後結算尾款。

這個模式勞心傷神，損耗精力、時間、心力。所以從一開始，我接原創廣告的模式就是，如果甲方不先支付預付金，我連大綱都會不給，甚至我什麼都不會準備。如果你想投原創廣告，那麼你至少要先支付一半的金額我才會跟你聊、給你大綱，而且廣告推播前必須全額支付，否則我就不推播。你一旦支付全額，我就會全力以赴，拿出極其認真的態度來寫稿。

如果你不信任我，不敢先預付金額再看大綱，因此不在我這裡投放廣告，我一點都不覺得有所損失，因為這種情況說明了我的實力不夠，沒有讓你信服，所以我不會跟你廢話，也不會求你，也不會說好話。

如果我靠死纏爛打賺這眼前的錢，就會浪費很多時間和心力，這並不值得。我可以放棄這部分的錢，把時間和精力用來投資自己，讓自己的實力增強，讓自己在未來更優秀，讓自己配得上更大的成就。

願意花錢投資自己、投資未來

我在做寫作訓練營時，有人把我訓練營的音頻課程、直播課和作業題目都做成盜版資源免費公開，或以非常低的價格賣給別人，有不少貪圖便宜、想省錢的人會買這些盜版產品。

買盜版產品有比較省錢嗎？表面上是有，實際上卻虧得更多。

我親自試過購買盜版產品，結果產品使用體驗極差，因為沒什麼配套服務，學習效果可想而知。而且買盜版產品的人永遠享受不了線上QA、定期直播、學員交流、課程更新、留言互動、工作機會的介紹等服務。

其實很多人不是付不起那七、八百元，只是因為愛省錢。

在成長的路上，省錢的人會一輩子沒錢。我創業後聘的好幾個核心員工（包括合夥人）都來自社群和訓練營。那些看盜版內容的人，永遠不知道社群的核心是什麼。

不該省的錢都不能省，別為了省幾十塊錢就在淘寶上沒完沒了地比價、比參數；別為了省那「昂貴」的感冒藥，鼻涕都流了一週、鼻子都擤到紅了還不去藥店；別為了省錢，在公司堅決不請同事吃飯，別為了省錢連買書都覺得貴，別為了省錢用卡得「半死不活」的手機，別為了省錢在職場上連一套得體的衣服都捨不得買，別為了省錢住在離公司車程兩小時以上的郊區……

人越窮就越沒有必要絞盡腦汁地去存錢，因為你本來就沒有多少錢，即使把錢都存下來了，你還是個窮人。

調查數據顯示，你一生財富的百分之八十都是在四十歲之後賺的。你現在精打細算省下的錢，可能五年後什麼都不是，你甚至至會後悔：當初要知道多投資自己、讓自己成長就好了。

我從來都不支持「月光」行為，但大部分人省錢省得太超過了。當然有很多人不省錢，但總是搞不懂自己把錢花在哪裡，他們捨得花一千元買一件衣服，但在買一門兩百元的課程、買一本六十元的書時，卻總是糾結。

在不「月光」、不透支的前提下，一切能讓你長期變好的錢都不能省。

在我們公司，員工買書一律報銷，買多少報多少，做課程的同事買課也一律報銷；有好電影上映時，我會在群組裡送大家電影獨享優惠折扣。我聘來的兩個編輯剛入職不到一個月，我就幫他們報名了一堂兩千九百九十九元的課程讓他們去上課學習，我的助理剛跟著我工作時，我也給他一些錢買課程、報名參加社群、買書學習等。

我們公司規模比較小，所以我有心思去想這一點，主動對員工說明這個規則，讓他們報銷。如果你在員工數有幾十人、上百人的公司，老闆精力有限，可能就無法顧及這些，但他應該不會排斥這一點。所以，你要學會主動申請學習基金，大部分老闆應該不會拒絕。

如果不好申請，怎麼辦？我建議你自掏腰包。哪怕你手頭不寬裕，也盡可能不要在學習這方面捨不得花錢。

我在前兩家公司工作時，自己掏腰包在學習這方面花了不少錢。

有些錢絕對不能省，那就是能做「槓桿」的錢。你花出去的這些錢，是為了有一天能撬動更大的回報。

捨得為投資未來而浪費錢

既然講投資思維，就不得不說投資的兩個特點：

一、所有回報都是有週期的。

二、所有投資都是有風險的。

這兩個特點告訴你，沒有一種投資是穩賺不賠的，你要捨得在投資未來的過程中浪費錢。這裡所說的「浪費」不是故意浪費，而是你要接受一定比例的投資是沒有回報的。正因為投資不是把把都賺，所以投資思維是只服務於少數的聰明人。

我們先來說週期。你想要做品牌，就得投廣告、做行銷，對不對？

但是你投出去的錢不會馬上變現，它有回報週期，而且這個週期通常不短。

羅振宇老師講了某一次跟華杉老師的合作故事。

羅振宇知道品牌戰略公司「華與華」和「華杉」至少十年以上了。他之所以很久之前就知道，就是因為華杉堅持做廣告，比如將廣告投放在機場看板和航空雜誌上。曾經羅振宇看到華與華的名字時，雖然知道了，但是覺得它跟自己沒關係，自己也不會變成它的客戶，因為羅振宇沒有創業開公司。

那麼曾經華與華花在羅振宇老師身上那部分的廣告費就浪費了嗎？沒有。華與華一直投廣告、做品牌，數十年如一日，名氣越來越大，成功案例越來越多。羅振宇雖然沒有與它合作，但一直記得這個品牌。後來羅振宇創業了，有了品牌諮詢的需求，自然就想到了華與華。公司內部做決策時，所有同事都說他們知道華與華，看華與華的廣告很多年了，所以，他們跟華與華的合作水到渠成，大家都沒意見。

這就體現了投資思維，過去十年華與華花在羅振宇和他的同事們身上的錢，都是在零存整付，在經過一定週期後變現。你可能會說，如果羅振宇一直沒有創業呢？若是這樣，可能花在他身上的錢真就浪費了，至少浪費了一部分，但這就是投資。

在做品牌時，如果沒有投資思維會怎麼樣呢？可能你在機場放了一塊大看板，放了一個月，一看銷售資料，覺得銷售額好像沒有什麼增長，就撤了，這就是在用消費的心態買用戶，而非用投資的思維做品牌。

採用投資思維做品牌是你不管銷售資料是多少，堅持把這塊牌子放上十年甚至二十年，這樣的話，那些經常坐飛機的人對你這家企業多少就有了印象。時間越長，印象越深，不僅有了印象，還會是好印象——這家公司一直在這裡投放廣告，這就是投資，花掉的錢會以另外一種方式存儲在品牌帳戶和公眾認知裡，未來有一天會逐步變現。

對個人成長的投資也是如此。

經常有人問我：「我買了很多書，也買了很多課。但有的書和課品質不好，有的書我沒看完，有的課我沒也聽完，我又跑去買別的了。一年下來，我在學習上浪費了很多錢，怎麼辦？」

我不覺得虧，買書、買課、付費參加社群，本質上都是投資學習。既然這是一種投資，憑什麼你把把都賺？我買了十本書，其中一本對我幫助很大，這就夠了；我買了五門課，其中一門課對我的工作產生了巨大幫助，我就覺得全賺回來了。

本質上，在這個時代，線上知識付費行業迅速發展，我們已經足夠幸運了，很多內容特別好，規劃三十堂左右的課程價格只有九十九元，以前你哪有這樣的機會？所以我買了很多課，聽了幾節之後，一下子就想通很多問題，我覺得這就已經值得了。

刻意花時間做重要但不緊急的事

投資就是做重要但不緊急的事情。做投資時，你不會即時變現，不會馬上看見回報。人總是陷於瑣碎事務中，因為這些事做了就有效，當下就有回報，所以很多事情自己明知道很重要，卻總是沒時間做。

假設我一直想找兩個編輯，今天終於有時間寫求才文案了，但我發現我今天還可以做一些別的事情，比如寫一篇今天晚上要拿來推播的原創文章，比如寫兩節課的內容。

假設我一直想開個會，跟幾個員工說明最近的工作情況，做一個小規模的培訓，今天終於有時間了，但我還有別的事可以做，比如規劃新選題，聽新買的、還沒來得及聽的課。

假設我今天有時間設計一下公司不同崗位的工作制度、獎罰機制，讓大家可以更好、更明確地工作，這是我一直想做的，但今天我還有別的事情可以做，比如幫某個同事改稿。

假設我這個週末沒有別的安排，我可以認真想想我接下來的規劃、下半年的重點是什麼、現在的業務可以怎麼最佳化、下半年可以增加什麼新業務、行業下半年的情況大概是什麼樣的……這是我一直想做的，但我很可能會想：這些可以先放緩，我還可以做點別的事情，比如先幫同事改稿子吧，畢竟今晚就要發。

以上這些事情中，前者（我一直想做的事情）又麻煩又難，還沒有確定性；後者（我還可以做的事情）可以馬上做，而且即時有回報。於是我很有可能就去做後者了，做完之後心裡感覺棒棒的，感覺今天又是充實的一天。

以上那些假設的情況每天都在發生，我們每天都很忙，但做的卻是容易、有即時收益或者是有慣性回報的事情，一個人、一個公司經常都是這樣——忙碌，但成長慢。

不管是個人還是公司，如果想持續成長，那麼每天都要刻意拿出一部分時間去做那些重要但不緊急的事，這就是投資思維的最後一點。用窮人思維考慮問題的人看眼前，用富人思維考慮問題的人看長期，投資思維可以幫助你從當下發展為全域最佳。

思考

升級思維的目的是改變行動。
看完本節內容，你在花錢和花時間上有沒有新的想法？你準備如何行動？

第5章
個人發展靠經營

沒有人比企業家更懂得：
做選擇、抓住機會、資源運作、實現增長。
一個人應該像企業家經營企業一樣，
經營自己的成長，經營自己的一生。

第一節——市場思維：不是成本決定價格，而是價格決定成本

從經濟學角度來看，我們每個人在職場中都是可以明碼標價的「產品」，你賺取的收入就是「產品」賣價，大家關心的其實是如何把「自己」這個產品「賣」個好價錢。

有人可能會說，努力學習、自我成長就會越來越值錢，賣價會越來越高。這是成本決定論，也是很多人收入低的原因，因為他們只關心自己的成長，不關心市場需求。

不是成本決定價格，而是價格決定成本

我第一份與媒體相關的工作是二〇一五年在創投媒體創業邦當小編，其中一項工作是每天早上發創投早報，創投早報裡的某一個區塊就是融資清單，你可以從中看到，每

天都有企業拿到投資。很多是你根本沒聽說過的，因為那些企業都倒閉了，那些企業拿到投資，燒個一年、兩年後，投資款就沒了，所以創投圈這幾年還有個慣例，那就是每到年末整理倒閉企業清單。

在那個背景之下，確實有很多年輕人很快擁有了很高的職位頭銜和高薪，畢業兩年就月入一、兩萬甚至更多，但是從二〇一八年開始就不是這樣的了。我認識不少這樣的人，他們當年月薪兩萬多元，現在換工作再找兩萬元的高薪工作，門都沒有。我有個朋友就遇到了這種情況，最近乾脆去旅遊了，因為辭職後找工作，好的工作月薪也就一．五萬左右，他不能接受，心想哪能倒退走呢！

我值兩萬元，你給我一．五萬元？從經濟學角度來看，這反映了均衡價格論，具體來說就是，你認為自己值月薪兩萬元，於是你要找月薪兩萬元、三萬元的工作。

其實在你月薪兩萬元的時候，有可能你根本不值月薪兩萬元，因為你能拿到多少薪水、你值多少錢只是一個判斷依據，最終你能拿到多少錢還要看市場的供需關係。當需求量大的時候，即在創投泡沫膨脹期，你即使只值月薪一萬元，也能找到月薪兩萬元的工作。

均衡價格論是指，在決定一個東西賣多少錢時，先計算它的原料成本，再將成本乘以一個合理的利潤率，最終得出價格。這個理論看起來很合理，但實際上並不合理。很多時候不是成本決定價格，而是價格決定成本。

二〇一九年年初出了一款爆紅熱銷商品——星巴克櫻花貓爪杯。一個小玻璃杯賣一百九十九元，是由什麼來決定的？星巴克的市場人員根據往年的資料以及當下的市場預估供需狀況，最終得出這「一百九十九元」的價格，這個價格跟成本關係其實並不大。

反過來說，我們假設這個杯子的成本是二十元。星巴克看這個杯子賣得很好，於是緊急生產了一萬個。假設能做這個杯子的工人只有十個，那麼這個杯子的成本很可能就變成四十元了，因為工人的成本可能變高了，能做這個杯子的只有十個工人，這就是供需決定價格，價格反過來影響了生產成本。

不是因為王菲開演唱會酬勞高（成本），所以他的票價就特別貴（價格），而是因為想看王菲演唱會的人多（需求），所以門票貴（價格），這樣反而提高了王菲的酬勞（成本）。

所以，回到人的身上，很多人說我讀書讀了這麼多年，為學習投入了許多心力，畢業了還不如一個「網紅」一天賺得多。

你是付出了很高的成本，但市場並不會因為你付出很高的成本就給你高薪。所以，你一頭栽進一門技能，投入金錢、時間去做一件事的時候，不要說你看我多努力。

明星、藝人非常懂得研究市場，他們善於根據市場風向制定自己的發展路徑，這是我們要學習的，因為市場供需關係決定了你的價格。

不知道如何定位自己，那就先幫自己定價

有個概念叫「角色定位」，根據角色定位，你想成為什麼樣的人，就要按照那種人的方式行動。

不過，大部分的人都不知道自己要做什麼，不知道自己想成為什麼樣的人，也沒有一個明確的方向，那怎麼辦？如果你不知道怎麼定位自己，那就先幫自己定價，因為你的定價會逼著你找到定位。

現代行銷學之父菲力普．科特勒認為：「先有價格，再有產品，而產品是讓價格顯得合理的工具。」這聽起來有點本末倒置，但事實確實如此。

商業諮詢顧問劉潤在〈先有「價格」，還是先有「產品」〉一文中舉了一個關於房

地產的例子。

你蓋一棟大樓時，你會先定價還是先蓋房子？當然是先定價。因為房子是什麼樣的價位，房子在設計、材料、配套、服務方面的標準就會依據甚至超過那個價位的標準。如果在房價一坪九萬元的地方，你要蓋一坪十八萬元的房子，那要怎麼樣才能讓這個一坪十八萬元的價格顯得合理？答案是做與眾不同的高規格設計，比如加上牆體恆溫材料，加上中央暖通空調系統，加上更好的物業保全服務……

總之，你會想辦法讓這棟房子配得上一坪十八萬元的價格。如果你是先蓋房子再定價，你連要不要加上牆體恆溫材料都不知道。

個人定位其實也是這個道理。如果你搞不清楚自己的定位，不妨先試著幫自己定價。問問自己，你想讓自己值多少錢？或者說，你想賺到多少錢？

比如你月薪五千元，感覺人生很迷茫，不知道自己的未來在哪裡。那麼，你可以想想要做什麼、怎麼做才能月薪破萬。在追求月薪破萬的過程中，你會更容易找到自己的定位和目標。

我二〇一八年創業，在年底展望二〇一九年時，我其實不太清楚工作重點是什麼、要怎麼規劃。最後我採取的方式就是先給自己定價，計算二〇一九年我要獲得多少收入，然後倒推每個業務創造多少收益，接下來需要什麼樣的人員配置，這種方式其實就是圍繞著定價行動。最後，我的事情做好了，目標也完成了。

你幫自己定價了沒？

成本決定價格是因果邏輯，價格決定成本是果因邏輯

為什麼幫自己定價如此重要？因為我們要遵循果因邏輯，而非因果邏輯。

因果邏輯就是：我要非常努力，去買書、看書，聽課、學習，精進技能，拚命工作，把「因」做好，期待結果發生（升職、加薪、跳槽）。

因果邏輯有什麼不好？它不好的地方在於，它是自然而然發生的，因要把你帶向哪種結果是不受你左右的，它順其自然，它很可能無法實現你想要的結果，它只是實現了因必然導致的結果，這兩者的區別很大。

比如一個新媒體編輯可能會問：「為什麼我努力工作了三年，薪水還是只有五千元？」

因為這個結果可能是「因」所導致的，你只是排版營運小編，而非寫大稿的編輯，所以無論你再怎麼努力，小編的薪水都是五千元；你營運一個瀏覽量只有一、兩千的帳號，而非平均瀏覽幾萬次以上的大號，所以你再怎麼努力，你的薪水也不會變高；你在一個企業做新媒體工作，新媒體部門在這個企業中是非常邊緣的部門，甚至整個部門只有你一個人，所以你再怎麼努力，薪水也只有五千元，甚至，在這個地方工作不會鍛鍊到你真正的能力……

有些事是註定不會發生的，只是我們經常埋頭苦幹，忘了去想。我們很多願望只是一廂情願，因如果不對，結果必然不對。因此，我們應該追求果因邏輯，並且真正讓這個邏輯指導我們的行為。

追求果因邏輯就是先確定「果」，再去設計「因」。這不是自然而然甚至是順其自然發生的，而是人為設計的。這樣做的話，你就會走上「我命由我不由天」的高效成長之路，這條路本來就應該是被設計出來的，而不是順其自然形成的。

如果你確信一年後自己的定價是月薪兩萬元，你就應該拿這個結果反推什麼樣的「因」才會導致這個結果。

你會突然發現，你有很多地方要改變，因為當下的因必然不會導致那個果。有可能從今天起，你的努力方向變了，你讀書的類型與內容也要變了，你聽的課程也要改變，甚至你結交的朋友都要變，因為你的成長策略改變了。

因為先有價格，再有產品，而產品是讓價格顯得合理的工具，所以，你要讓自己的定價顯得合理。給自己「定價」，然後推導出自己要做什麼、怎麼做，以及一定不能做什麼、不能怎麼做。遵循這樣的果因邏輯，你才會擁有足夠好的市場思維，才會擁有足夠好的成長思維。

思考

升級思維的目的是改變行動。

你可以思考一下，你如何給兩年後的自己定價？然後回推一下，你現在應該怎麼做，直到兩年後你所定的價格才是合理的價格。

第二節——品牌思維：一個人審視自己行為的底層邏輯

每個人都是產品，所以要用經營企業的方式經營個人成長。前文講了市場思維，本節緊接著講品牌思維。

品牌可以讓一個產品有遠超其成本的價格，這就是品牌溢價。個人也是如此，如果你的個人品牌足夠好，你一樣有品牌溢價，可以讓自己更有競爭力。

更有競爭力還不夠，它還會幫助你把競爭力確切地變現。

好品牌到底有多值錢

一流品牌很值錢，但到底有多值錢，很多人沒有具體概念，這裡舉一個能夠讓你刷新認知的例子。

分眾傳媒董事長江南春在《搶佔消費者心智，就能賺到錢：人心比流量更重要！定位、廣告、通路、消費者心理學的營銷實戰術》中提到，在長沙的萬達廣場上，曾經有一個店面從外面被圍了起來，空置了很長一段時間。後來他才知道，這個店面是專門給某大品牌預留的，就這樣空置著，保留期為十八個月，同時萬達廣場還補貼品牌方三千萬元的裝修費。

後來我瞭解到，很多商場都有這樣的先例。像知名餐飲品牌外婆家在進駐一些商場時，不少商場會補貼裝修費，甚至反向保底；與之相反的是，不少小品牌、新創的不知名品牌在進駐一些大型超市時，不僅沒有優惠或補助，還要交進場費、條碼費、上架費、堆頭費等各種費用。

一流品牌為何能享受這種待遇？一個很最重要的原因是：一流品牌可以創造流量，帶來顧客。

比如我在北京時，經常去我家附近的藍色港灣商場，商場三樓就有一家外婆家，用餐時間的前、後一小時，店門口都有不少顧客在排隊。凱德 MALL 購物中心（北京太陽宮店）裡有一間規模比較大的海底撈，我有一次下午三點去吃，竟然也有一大群人在排隊。

這樣的店都是可以替商場帶來流量的，對於這樣的店，商場少從它們身上賺取房租，甚至補貼一些都是很划算的，因為它們的存在替商場帶來了巨大流量，這些流量可以創造更大的價值。

我去凱德 MALL 的原因都是和之前公司同事聚餐，他們就喜歡去海底撈。如果不是這個原因，我根本不會去凱德 MALL，因為那裡離我家滿遠的。但每次去，我除了去海底撈消費，基本上都有其他消費，我有一次去那裡，除了吃海底撈，還另外花了將近四百元。

前面提到的某大牌也是如此，這樣的品牌在一個城市裡的店面不會太多，想在實體店面購物的顧客就必須去相應的商場，因此，這類品牌的店面不僅會為商場帶來流量，而且帶來的還是高淨值人群流量，另外，這類人群在商場也會持續消費。

有個經典說法是：一流企業賣品牌，二流企業賣產品，三流企業賣勞動。

為什麼都說一流企業賣品牌？

大家都知道特斯拉很厲害，售價也很高昂。假設，特斯拉電動車被某家電動車企業「山寨」了，而且山寨的水準還很高，山寨產品的品質比正版還要好，那麼山寨產品能賣到正版的價格嗎？答案是能。

但是，這家做山寨產品的企業可能要花五到十年提升品質和推廣行銷，才能把品牌養起來。現在它絕對沒有品牌溢價，即使它的產品比正版品質好很多。很多廠商的山寨水準特別高，做出的很多高度仿冒品不論從外觀還是從品質上看，幾乎都和正版一樣，但它們只能賣到正版十分之一的價格。

你不要以為大家買東西就是單純買產品，買品牌同樣是有其必要性的。對有些人而言，即使你賣高度仿冒品的品質和正版品質一樣，甚至品質更好，我也不買，因為我願意掏更多的錢買貴的、買品牌聲譽好的。

關於品牌，我們可以再說一個相似性更大，品質卻差異不大的東西——可樂。

生產皇冠可樂的加拿大考特（COTT）公司曾委託哈佛大學做了一項實驗：對可口可樂、百事可樂和皇冠可樂進行盲測，讓大家來評論哪一種更好喝。結果讓人驚訝，參加盲測的人基本上都說皇冠可樂最好喝，百事可樂其次，最後是可口可樂。

但是，總有個「但是」，測試要有對比。當實驗人員把三種可樂貼上標籤，再讓一群人試喝時，結果就變了，大家一致認為可口可樂最好喝。

你說奇不奇怪？這就是品牌的魅力所在。

好的個人品牌到底多值錢

我是保守型的人，說白了就是害怕失敗，所以我做事時總是想先讓自己立於不敗之地，然後再去做，否則就不做。

比如我現在正在做付費社群，累計服務近萬人，但在二〇一八年八月我準備啟動時，我非常害怕會失敗，也完全不知道推出後會有多少人加入。

二〇一八年八月十日，我聯絡了知識星球內部的朋友，跟他說了我的公眾號情況、我的朋友圈情況、我有什麼資源可以推廣，讓對方幫我評估：「課程定價為一年一百九十九元，推給一千人大概需要多久？」

對方給的資料是大概兩個月，我聽完之後有點受到打擊。

第二天，我剛好約了一個做知識付費的同行朋友吃飯。我們大概聊了四個小時，最後我也請他幫我評估。我說我第一次在公眾號上推廣課程，如果瀏覽量是兩萬，課程定價為一年一百九十九元，能不能轉化五百人？

他說課程定價九十九元的話應該沒問題，如果是一百九十九元，轉化率得打六折，能轉化大概三百人。因為他有自己的公眾號，也做課程，應該還是滿有經驗的。

這些資料雖然不算好，但我還是可以接受，於是我決定做了。跟他聊完之後，我就在公眾號上推出了課程，課程定價為一年三百六十五元，前一千名用戶可享一年一百九十九元的價格，之後每增加一百人調漲五元，一直漲到原價一年三百六十五元。

課程推出後，資料遠遠超出了我的預期，超出了我朋友的預期，更超出了知識星球內部朋友的預期。推出大概四小時，報名人數就破千了。在公眾號「@粥左羅」上，那篇推廣文章的瀏覽量約為一萬三千九，報名人數約為一千六百人，轉化率高達百分之十一．五。

後來，知識星球內部的朋友說：「我知道你的推廣文章轉化率為什麼這麼高了，因為你之前做的課程品質非常高，打造了很好的個人品牌。」

推出後，我也一直在觀察評論區的留言、後臺的消息、朋友圈中大家的分享語與推薦語，以及進入知識星球的人說為什麼會加入，這樣一來，我更相信個人品牌的重要性了。

所以，我在公眾號文章評論區寫了一則留言：「我做過三門課程，覆蓋率超過十萬人，口碑也是一門比一門好。這是我做的第一個社群，它只會更好，如果你真的有需要，你可以閉著眼睛進來。以前有很多學員告訴我，只要是我出的東西，根本不用擔心品質，直接買！我就是追求這點。」

不管做什麼，個人品牌都非常重要。**個人品牌不取決於你自己說自己如何，而取決於別人說你怎麼樣。**

二〇一九年我出書也是這樣的情況。出書前，我向很多出過書的人打聽過，問他們版稅一般有多少、有沒有銷量保證。基本上所有的回答都不樂觀，而且說能找個好出版社出版就不錯了，不可能給保底銷量。但最後人民郵電出版社給了很不錯的版稅和合作條件，這不是口頭約定，而是白紙黑字簽在合約上的。

我的書出版一個月後，書才剛開始賣，我已經收到了出版社的版稅，這也是品牌價值。

他們認可我這個人，因為我一貫可靠；他們認可我這個人的作品，因為過去我寫的每一篇文章、每一門課程都是可靠的，他們因為我的品牌可靠，所以相信我。

在新媒體時代，很多人會教你怎麼包裝自己，這其實是沒有用的，因為包裝總是要被拆開的，**如果你沒有真本事，那麼再怎麼包裝都會露餡；如果你有真本事，那麼你不用自己包裝，大家的口碑就是你最好的包裝。**

每個人都有個人品牌

很多人說：「我不想打造個人品牌，我只想努力地學寫作或者某一種的技能，這樣可以嗎？」這其實是對品牌的誤解。

任何企業和組織都有品牌，你可能會舉一些失敗的企業作為例子，說「××這樣的企業就沒有品牌」，錯！你在說這句話的時候，就表示它有品牌，你的這句話就是在對它的品牌下定義——它的品牌很爛。

個人品牌也是如此，它是每個人自帶的。這裡說的「打造個人品牌」，不是你想不想打造的問題，而是你怎麼把它做得更好的問題。

舉個例子，每一個職場人、每一個員工，其實都是一款產品，只不過使用這個產品的人是他的上司、同事或者合作夥伴。那麼跟他有接觸的人都是這個產品的使用方，所以每個人其實都是一款產品，每一款產品其實都有自己的品牌。

我覺得微信的張小龍設計微信的這則標語非常好：「再小的個體，也有自己的品牌。」

我對個人品牌的理解是：個人品牌就是別人對你的認知。以後別人問你什麼是個人品牌時，你可以大大方方地告訴他：「大家對我的認知就是我的個人品牌。」

比如你怎麼看粥左羅，那就是你對粥左羅這個個人品牌的理解。所以每個人都要打造個人品牌，即使你不刻意打造，別人也必然會對你形成認知，這種認知就是你個人品牌的呈現。

個人品牌和企業品牌的呈現形式和作用非常相似，品牌是一種文化資產，而文化資產基本上都是無形的，那它必然要呈現在有形的東西上，比如呈現在一個符號上，或者呈現在一個名字上，這些都是屬於品牌作為一種文化資產的沉澱形式。

從企業的角度來說，品牌的載體就是名字和Logo，比如說可口可樂、蘋果、微軟，這些企業的品牌載體就是它們的名字和你腦海中馬上聯想到的它們的Logo。

個人也是如此，粥左羅這個名字就是我個人品牌的載體。現在我要出一本書，這本書的作者叫粥左羅，如果這本書是與個人成長相關、與寫作相關、與新媒體營運相關，那麼「粥左羅」這三個字就意味著有人會買單，那麼相應的書就會比較好賣，這就是品牌名字的作用。

如果出一本品質相同的書，我用一個完全不知名的人的名字署名，那麼這本書可能就不好賣了。因此，很多時候，你的名字就是你的個人品牌。

那 Logo 呢？你社交媒體的頭像就是你的 Logo。

這裡再多說一點——名字的統一性。

什麼叫名字的統一性？我們活躍在非常多的社交平臺上，比如說我們作為個體，活躍在知識星球、微信、公眾號、新浪微博、B站、抖音裡，在這些不同的平臺上，你是否使用統一帳號、名字？如果是，我覺得非常好。

為什麼呢？因為我們剛才說了，品牌是一種無形資產，這種無形資產最終都會沉澱到一個名字上。如果你在每個平臺都用同一個名字，那麼它的沉澱效率肯定是最高的，效果肯定是最好的。如果把你的無形資產，也就是你的影響力，分給很多不同的名字，這樣的效果肯定相對會弱一點。

在不同的平臺上、不同的場景裡、不同的地方用不同的名字，就相當於蘋果、可口可樂這樣的公司去一個國家就用一個新名字，或者去不同的區域賣自己的產品就使用新的名字，我覺得這是不可取的。

因為很明顯，用統一的名字在整個市場上打造一個統一的品牌是最有利的，所有行銷活動產生的影響力都會沉澱在一個名字上，這是最好的。

對我個人來說，在二〇一二到二〇二〇年這八年的時間裡，我一直在用粥左羅這個名字。從時間來說，整整八年我都沒有換名字；從平臺來說，我的公眾號名字、個人微信號名字、出書時的署名、文章的署名也都是粥左羅，非常統一。

一個人審視自己行為的底層邏輯

既然個人品牌人人都有，既然無論你打不打造，個人品牌都會形成，那麼我們何不把它塑造得更好一點？

怎麼塑造個人品牌？方法很簡單，把個人品牌當作一種思維模型即可。你做任何事情、經營任何關係、解決任何問題，甚至在任何場合發表意見、自我表達，都可以用個人品牌的思維審視自己：我這種做法對個人品牌而言是加分項還是減分項？如果是加分項，那我就去做；如果是減分項，我就盡量不要那樣做。

比如，在我的職業生涯裡，我去過幾家公司，我發現每家公司都會有一些「傻員工」。什麼是傻員工？傻員工有一個特點，那就是快要離職的時候，他們的心態是：反正我快要走了，怎樣都無所謂。

他會以非常敷衍的方式完成主管交代的一些工作，非常不情願配合共事的一些工作，不願意做一些他該做的事情，離職之後，還在外面說自己前老闆、前公司、前主管的壞話。這種行為說明他沒有個人品牌思維，如果有，他就不會這麼做，因為這麼做對個人品牌有非常大的損害。

職場的圈子很小，尤其是在一個垂直細分領域工作時，圈子更小。如果你剛入行，可能對此沒太多感覺，但如果你像我一樣在一個行業裡持續工作了四、五年，你會發現這個領域裡所有的人你都不能得罪，所有的人你都不能小瞧，因為這個領域其實很小，真正掌控話語權的可能就那百分之十的人，所以你最好不要得罪任何人。因為有一天，你得罪的那個人可能會反過來傷害你。

我們這一節要講的是：每個人都是一個個人品牌，不管你想不想打造，你都會形成個人品牌。既然每個人都有個人品牌，那麼你在做事、講話、做一切對外活動時，是不是都應該想想自己這樣的做事風格、做事方式和說話方式，對自己的個人品牌是不是加分的？

一定要多做加分的事，少做減分的事。

二〇一九年是我創業的第二年，這一年大環境不好，微信公眾號這個生態也是如此。因為大家的預算變少了，優質廣告方的投放減少了，公眾號改版幾次讓很多人覺得越改越難用，所以很多人得出了八個字的結論——把握變現，落袋為安。

因此，很多號主做內容時便不再特別花心思，頻繁接下各種工商，也不會挑選、嫌棄有無格調了，什麼產品都推廣，什麼課都賣，吃相難看。

我問我朋友：「你不是不缺錢嗎，那麼著急幹嘛？」

他說，現在形勢不好，賺一點是一點，不賺白不賺。

我倒沒那麼悲觀，而且我之前說過，**有錢賺的時候認真賺錢，沒錢賺的時候修練內功，任何時候都不能糟蹋自己。**

我們做這一行的，其實不只是靠體量賺錢，更重要的是靠體面賺錢，也就是要靠你在用戶那裡的品牌、你在行業裡的品牌賺錢。

我舉一個例子，寫出10W+文章的帳號那麼多，但有幾個帳號的廣告能達到公眾號「GQ實驗室」的那個價碼，一則廣告一百萬元左右？沒多少。當然，普通自媒體帳號很難達到這種水準，但意思是一樣的，就是體面很值錢，而且讓大家覺得你體面（即品牌好），需要很長時間不懈努力，但是毀掉自己的品牌卻很容易。

另外，行業起起伏伏的波動很正常，除非你真的沒錢花了，否則別那麼著急，好好修練內功，扛過一次次「伏伏」，就又迎來一次次「起起」，如果你未來十年、二十年想賺錢，你著急這半年、一年要幹嘛？總之，不要做讓自己內心不驕傲的事。

一個人的品牌決定了他獲取資源和機遇的能力。

新用戶不知道我的個人品牌，但老讀者們都知道。一提到粥左羅，老讀者們就覺得這三個字是有品牌的、是值得信任的，覺得我們實在、可靠、努力等等，這就是我這個人在別人心中建立的品牌形象。

好的品牌形象讓我收穫了我們公眾號粉絲、訓練營學員和商務合作夥伴的信任，有利於我進一步提升個人價值、擴大個人品牌的影響力。

過去幾年，我最在乎的一件事就是打造個人品牌，甚至比提升能力還要在乎。我經常檢視自己：「我是一個值得信賴的人嗎？」不管企業還是個人，品牌都非常重要，然而，建立一個好的品牌不是一蹴而就的，是靠實實在在的行動一點點累積而成的。

過去幾年，我做最多的事情就是寫文章。不管瀏覽量是幾萬的文章還是瀏覽量超過一千萬的文章，留言區大部分的留言都與支持和讚美有關，因為我沒有為了流量而做不適合的選題、寫不恰當的內容。

有句話叫「站著賺錢」，其實獲取流量也應該站著，也就是靠品質優良的內容獲取流量，這樣，你的聲譽才能在一次次超乎預期的結果交付中慢慢建立、鞏固、最佳化。

當然，除了寫文章，我上班對待公司與同事時、創業後對待員工與合作夥伴時、開訓練營後對待學員時，甚至在對待生活中的朋友、行業內的朋友時，都會用品牌思維來審視、要求、反思自己的行為，因此我的品牌越來越好，我得到了更多的機會，獲得了更大的成長和發展。

思考

升級思維的目的是改變行動。

你對打造個人品牌有什麼新的理解？哪些是過去沒有注意到，但現在應該要注意的呢？

第三節——作品思維：做任何事情，都要累積代表作

這裡的「作品」二字，不單單是指作家寫一本書、畫家作一幅畫、歌手創作一首歌，它包含這些，卻還有更寬泛的意義。

它指的是我們任何人在做任何事情時，都應該像作家、畫家、歌手那樣認真對待，要讓做出來的東西可以拿出去證明自己的實力，可以代表自己這個人。

作品是人們認識你的工具，可以幫你打造個人品牌，同時也是你個人品牌的載體。你的作品越多、越好，你的個人品牌就越值錢。

如果沒有作品，你所有標籤都會不堪一擊

二〇一八年，我做付費成長社群，距離開放報名不過四小時，報名人數就超過千人。我前面講過，大家報名參加我的社群是因為我有很強的個人品牌，那我的個人品牌具體是如何表現的呢？

我當時一直在觀察公眾號讀者的留言、朋友圈的推薦語、社群成員加入後的分享，我很開心能看到下面這樣的現象。

大家信任我，選擇與我同行，並不是因為創業邦前新媒體營運經理、插座學院前副總裁、畢業四年月入二十萬元等類似的標籤或者平臺背書，而是因為：

- 我看過你的很多篇文章，都很有實質性內容、很真誠，每次看完都有收穫。
- 你的公眾號是我為數不多置頂的號，每篇文章都看的。
- 我聽過你的寫作課，品質很高，相信社群也不會太差。
- 這是朋友強烈推薦給我的，一開始我還不太在意，看了幾篇文章後感覺相見恨晚，你開社群，我絕對不能錯過。

基本上大家的說辭都是這一類的內容。這說明什麼？這是個人品牌「實」的那部分

而非「虛」的那部分，這裡的「實」指的是作品，「虛」指的是標籤。

在工作中，「虛」永遠沒有「實」更有力量。你的各種人設打造、平臺背書、勵志標籤、職位頭銜，都不如你的作品有說服力。

很多人寫履歷的時候都寫這些：曾擔任××公司××職一年、曾參與××專案、熟練掌握××技能、深諳××知識、參加過××、是××專案的早期參與者……

為什麼老是寫這些虛的東西？因為他們沒有真正的作品，所以只能寫這些。但如果你沒有實的作品背後撐腰，虛的標籤都是不堪一擊的。

很多人在宣傳自己的時候，會用各種方式包裝自己，幫自己貼很多標籤。剛知道這些人時，你會覺得這些人好厲害啊。但只要你一跟他們熟悉了，瞭解他們了，你就會發現，原來那些說辭都是虛的，他們沒什麼真本事，一做事就現出原形了。

我還有一個身分——寫作講師。這幾年，各種平臺上的寫作課層出不窮，好像一下子誰都可以教寫作課了。有些老師在知識付費平臺上把自己包裝成了寫作「大神」，但最終也沒做出名堂來，為什麼呢？

因為他們沒有作品，你找不到他們出過什麼好書，你沒看過他們寫過什麼好文章，你好不容易找到了他們的個人公眾號，發現瀏覽量只有幾千，儘管如此，他們卻天天在外面教別人怎麼寫10W+的熱門文章。

看到這樣的人，我們會說這個標籤其實是他們想讓自己擁有的，但他們沒有相應的作品支撐。他們硬是往自己身上貼上這個標籤，但其實配不上這個標籤，那這個個人品牌就是虛的、懸的，它不是腳踏實地的一個個人品牌。

所以，個人品牌很多時候不是包裝出來的，而是做出來的。你幫自己貼再多好看的標籤，也不要以為它們永遠都是你的了。如果你的作品配不上它們，那麼它們早晚會被拿掉。

即使你一開始打造好了這樣的個人品牌，也讓別人相信了，它其實也會慢慢地從你的身上消失。你配不上的東西，早晚你都會失去；你配得上的東西，即使你不去呼喊、吸引注意力，別人也會把那樣的標籤加在你身上，他們會覺得你就是那樣一個人。

真正良好的個人品牌，是作品和標籤完全統一，互相加持。

在做任何事情時，你都要累積代表作

我創業後一直在徵人，求才職位中有一個是內容編輯，我要求所有投履歷的求職者在郵件中附上五篇代表作品。

為什麼呢？因為履歷可以被粉飾，但作品是騙不了人。我徵人、用人時主要看應聘者的作品，然後再參考他的履歷。

但是，在我收到超過兩百份履歷之後。發現了一個驚人的事實：百分之九十的內容編輯竟然湊不出五篇能上得了檯面的代表作，當然，就算能湊齊篇數，品質也相對就差了。這其中有不少編輯已經工作兩、三年了，在這一到三年的時間裡，他們都做什麼了？居然連五篇代表作都沒有。

很多人並沒有代表作思維，有可能他們一年寫一百篇文章，但這一百篇品質都不高。說白了，他們寫的那一百篇文章都是應付工作用的，他們認為完成主管安排的任務即可，並沒有想著把每一篇文章當作一篇代表作來寫。如果有心累積，一年寫一百篇文章，有十篇各方面都不錯的代表作並不難。為什麼要這樣？

因為你當下所做的一切，都是為了撬動更大的機會和更美好的未來。

如果你有十篇很好的代表作，那麼在換下一份工作時，你必定會有更好的機會、去更好的公司、有更高的職位、拿更高的薪水。所以，不管你在多厲害的平臺工作，不管你與多成功的人共事，千萬不要混日子，否則一份工作留給你的只是徒有虛名的頭銜、標籤、平臺背書，而不是實實在在的作品。

什麼是你的作品？我剛才舉了內容編輯的例子，但其實不管做什麼，你都要累積作品。你可以將其理解為，你在職場上完成過的每一件任務，都是你的作品，它們是展現個人能力最直接的證明，它們是你個人口碑的直接來源，它們是一份工作完成後你能真正帶著走的價值。

你創作的每一篇文章、你剪輯的每一個影片、你設計的每一張海報、你促成的每一次合作、你贏得的每一個客戶、你負責的每一個專案、你營運的每一個社群、你營運的每一個公眾號、你推廣的每一門課程、你投資的每一個公司等等，在把這些事物都當成作品的基礎上累積代表作，在做任何工作時，你都應該要有作品思維，都應該累積自己的代表作。

我對內容行業比較熟悉。在這個行業從業五年，我觀察到一個現象，那就是很多人無法突破「一．五萬元」魔咒。一般剛入行時，從業者月薪為五千到八千元，經過一、兩年的努力，慢慢達到一萬元、一．兩萬元、一．五萬元，但是到這個門檻之後，很多人的薪水就無法再往上了，長期在一．五萬元左右，突破兩萬元則是非常困難，而最主要的原因很簡單，就是作品不行，沒有拿得出手的作品。

我在二〇一九年年底以高薪聘僱了一位主編，為什麼他可以？因為他有作品，寫過兩篇10W+的公眾號作品，寫過瀏覽量一百萬以上的公眾號廣告，這樣的作品就能說明一切。

極致的作品是一連串能力與事件的結果，是長期努力的結果，是極致追求的結果。

輸入是「星辰大海」，輸出要「一劍封喉」

一個人越是默默無聞的時候，要越少包裝自己，要沉下心來累積代表作。

如果沒有代表作，你怎麼包裝都不行；有了代表作，無論你去哪裡，別人都會認可你。代表作不用多，而要真的是好作品。

舉個例子，在投資這個行業，投資人很多，你怎麼判斷一個投資人厲害不厲害呢？答案是看他過去有沒有投出明星公司，投出過一個就夠了。

比如投資人王剛只要說自己是滴滴出行的投資人，今日資本的徐新只要把自己投資京東的故事講出來，晨興資本的劉芹只要說小米是他投的，這就夠了，大家一聽就覺得這個人很厲害。一個投資人有了這樣的投資作品，那麼一些新的優秀創業者就會傾向於找他投資，這樣，他就能投出更多好公司。

所以，打造個人品牌和自我行銷的最好方式就是拿出代表作。

越是默默無聞的時候，越難累積代表作，所以要有「星辰大海」的輸入。越是默默無聞的時候，越需要有代表作，所以要有「一劍封喉」的輸出。

二〇一八年年底，我接受一個自媒體的採訪，編輯說：「你二〇一七年在做課程，這一年很重要，因為這是打造個人品牌的時期，你最好有一段時間能大規模地收到別人對你的評價、給你的回饋。這樣的話，你能比較清楚地從外部對你的認知中梳理出一些關於個人品牌的標籤。」

編輯說我那一年在圈子裡很出名，影響了很多人的成長，我馬上向他說了真實情況。我說：「跟你認為的完全相反。二〇一七年是我收到外界回饋最少的一年，我根本不知道我很出名，不知道圈裡對我的評價是什麼，甚至課程學員對我有什麼樣的認知，我也不清楚。」

因為在整個二〇一七年，我基本上是零社交。我從來沒有出去跟同行的朋友聊天，也沒參加過任何形式的工作飯局，沒有公開在職業高峰會上露過面；雖然我的線上課程有那麼多學員，但我從來沒加過他們的微信；我在講實體課程時基本上都是講完就走，從不社交；我去企業講課時會提前十多分鐘到，講完就走，從不社交；課程的推廣活動是由同事做的，企業客戶也是同事談來的。所以我這一年就這樣過來了，不知道大家怎麼評價我的，我甚至都沒時間去瞭解。

在整個二〇一七年，我基本上就是做一件事——製作課程。有課的時候，我就訂票去講課；沒課的時候，我就待在辦公室寫課、錄音，我就這樣日復一日地打磨我的代表作。

我開始意識到自己還滿出名、大家評價也很高，是在二〇一八年我出來自己做公眾號之後。帶給我最直接感受的，是二〇一八年五月開設的十二天實體課程。以往的課程時長都是一天或兩天，時間很緊繃，我只是講課，和學員交流很少。

在那次的實體課程，我和學員的互動非常多。令我印象很深的是，第一天有一個請學員自我介紹的時間，好多學員在自我介紹時都提到了我，說我的課程、文章以及經歷對他們影響非常大之類的。當時我非常驚訝，因為很多學員都這樣說。我這時候才開始想，哦，原來大家是這樣看我的。

之後是在上海開的十二天實體課程裡，每天講完課之後，我會和一些學員聊天，我有時會提起行業裡很厲害的老師，他們就說：「粥老師，其實在外界看來，你比他有名多了。」

好多學員說他們的老闆、主管經常分享我的文章讓他們看。當時，我聽到這些話都覺得沒什麼自信，因為我整個二〇一七年都沒有接收到這些訊息。

二〇一八年，我第一次去上海參加一個職業高峰會，面對近千人講了半小時，講完我就出去了，結果在門口遇到很多跑過來跟我聊天的人。我原本以為大家都不認識我，因為我以前從來沒有參加過這樣的大會。

所以，我對那個編輯說，我很感謝我不知道自己很厲害、很有名，甚至對自己不太有自信的那一年，因為那讓我整年都非常平靜、非常安心地做自己的事，磨練自己的手藝，不浮躁、不自戀，日復一日地打磨自己的代表作。

最後，我精心安排的課程在各大通路賣了超過十萬份，一炮而紅，我後面的路就越走越順。

所以，個人品牌很重要，但個人品牌是個結果，你能力不強、手藝不精、沒有作品的時候，天天自己給自己貼標籤，對外幫自己建立好形象，天天在朋友圈、微信群宣傳自己、包裝自己，這些都對打造個人品牌無益。個人品牌是很重要，但不是那樣來的。

普通人一開始都沒有個人品牌，因此在遵循作品思維時，你別光玩「虛」的，而要不停地做「實」事，把每一件事做成功，花時間和心血累積代表作。

在這個過程中，大家對你形成了相應的認知且不斷強化，這樣，你就有了個人品牌，這是你最可靠的資產，這是普通人崛起最有效的方式。認認真真做事的人，在這個時代不會吃虧。

思考

升級思維的目的是改變行動。

你可以思考一下，你在你的工作崗位上，有沒有累積了很多作品？接下來你準備如何累積更多作品？

第四節——寫作思維：把個人能力包裝成內容產品，實現「十倍財富增長」

不管你在哪個行業、做什麼工作，不管你是員工、自由職業者，還是老闆或投資人，你都要學會寫作，因為寫作會對你產生巨大的幫助。

我持續寫作五年，受益巨大，我持續教寫作三年，幫助很多人從寫作中受益。二〇一九年，我推出了全新的寫作課「粥左羅教你從零開始學寫作（50講）」，截至二〇二〇年三月，超過五千兩百人上了該課程；我推出了「粥左羅二十一天寫作訓練營」，截至二〇二〇年三月，該訓練營已經連開十期，累計超過三千五百人報名；我推出了實戰精英班「粥左羅二十八天高階寫作變現營」，截至二〇二〇年三月，該訓練營開了五期，累計超過五百人。

寫作之所以如此重要，是因為透過這項技能，你可以把一切能力、經驗、知識、認識、思想等包裝成內容產品，讓無形的東西變得有形、可傳播、可出售、可複製，所以，寫作是行動網路時代人人都要學習的高級技能。

好消息是，人人都可以學會寫作。

你的賺錢能力，取決於你的個人商業模式

中國國家統計局二〇一八年二月發布的《二〇一八國民經濟和社會發展統計公報》顯示，二〇一八年年末，十六歲至五十九歲（含不滿六十周歲）勞動年齡人口為八．九七億。一份來自人力銀行的資料顯示，二〇一八年，中國月入過萬的人數約為百分之十一．四，也就是大概百分之九十的人，月收入沒有過萬[30]。即便是在我的老家山東泰安，稍微好一點的房子，一坪的價格也接近三萬元了，所以如何賺更多錢，應該是至少百分之九十的人特別關心的問題。

30 參考匯盈金股二〇一九年十二月發表的文章：〈在中國，究竟有多少人月薪過萬〉。

天下沒有難賺的錢，只有不願動腦子的人。

如何提高自己的賺錢能力？答案是升級你的人生商業模式。

在講人生商業模式之前，我先來說時間和財富。

羅振宇說，如果自己去世了，墓碑上就寫一句話：「一九七三到二〇幾幾年。」有一篇小學生作文〈看沙漏〉裡，有這樣一段話：「如果將我出生的那一刻定義為擁有全部時間的話，時光確實從我手中流逝了；但如果將我死去的那一刻定義為我擁有了自己全部時間的話，那麼，我一直都未曾失去過時間，而是一直在獲取時間。」

人生其實就是一段時間。從出生的那一刻起，你就開始緩慢地掌握了屬於你的時間，直到你死去的那一刻，你才擁有自己這段時間的全部。你生來就擁有且最寶貴的財富，就是這段時間；你一生獲取的其他財富，都是出售這段時間的所得。

你這一生，就是一邊獲取時間，一邊販賣時間，一邊取得財富的過程。

因此，人生商業模式就是一個人出售自己時間的方式。

千萬不要以為只有企業才有商業模式，人生亦有商業模式。這也就是我為什麼在這本書裡說，即便是打工者，也要有創業者的心態，要像經營一家公司一樣經營自己的人生，這種做法的本質是經營自己人生的這段時間。

你的賺錢能力取決於你的個人商業模式，取決於你出售自己時間的效率。

人生商業模式基本上可以分為三種：

一、同一份時間出售一次

比如你每天上班，月月領薪水，相當於你把自己一個月每週週一到週五的每天八小時打包出售給了老闆，老闆每個月跟你結算一次。在這個過程中，你的每日八小時只能被出售一次，也只能收益一次。

二、重複出售同一份時間

比如你是作家，花一年的時間寫了一本書，這本書賣了十年，你賺了十年的版稅，這就相當於你把自己寫書的那一年的時間重複出售了十年。

一次付出，重複出售，持續賺錢，人們常說這叫「睡後收入[31]」。

31 睡後收入：指睡一覺醒來就會有的收入，你不用去做些什麼，收入就會持續增加，也就是我們常說的「被動收入」。

三、購買他人的時間再出售

比如你創業當老闆，找了十個員工，讓他們為你工作。這就相當於你花錢購買了這十個人的時間，然後再利用這十個人的時間賺錢，在這個過程中，只要是低買高賣，你就可以賺到錢。

你目前的人生商業模式是第幾種？大部分人可能都會說：「第一種。」什麼樣的人賺錢能力最強？答案一定是那些會重複出售同一份時間和購買他人的時間再出售的人。

把個人能力包裝成內容產品，實現「十倍財富增長」

依據人生商業模式的理論，「如何讓自己的財富更快增長」這個問題可以轉化成「如何更好地出售自己的時間」。

那麼，如何更好地出售自己的時間呢？答案是學會寫作，把個人能力包裝成內容產品。這一招你學會了，它就可以同時為你的三種人生商業模式賦能。

一、透過寫作，你可以把自己的時間賣得更多、更貴

百分之八十的人都在用第一種人生商業模式賺錢，即將同一份時間出售一次。

除了我們上面提到的上班族，自由職業者也大都如此。比如平面設計師、培訓講師、文案達人、攝影師等等，都是在零售自己的時間，也就是接一單、做一單、結算一單。

如果你是個體戶，比如你一個人開了一間奶茶專賣店或洗衣店，那麼你是在一次性出售自己一天的營業時間，你的收益取決於你當天的客戶人流量，做微商[32]也是如此。

同一份時間出售一次的個人商業模式有兩個最佳化的方向：

一是提高單位時間售價，二是提高時間出售總量。

如何實現這兩個方向的最佳化？答案依然是學會寫作，把個人能力包裝成內容產品。下面舉兩個案例：

第一個案例：透過寫作提高自己的單位時間售價

我認識一個產品經理，二〇一六年大學畢業後加入一家網際網路創業公司，月薪不

32 微商：新興的社群網路商業模式，主要仰賴於社群媒體的商城與傳播。

到一萬元，按照正常的經驗累積速度、職位晉升模式，他在兩年內月薪很難超過兩萬元。但在二〇一八年春節的時候，他傳訊息跟我說，他將入職一家知名大廠，年薪四十萬元。

為什麼他晉升這麼快？原來，剛開始工作時，除了正常上班，他還堅持寫作，把自己做產品的經驗心得和累積的知識包裝成內容產品，即一篇、一篇內容豐富的文章，將這些文章持續發在公眾號上。

這個行為不斷地提升了他在圈子裡的影響力，也讓他認識了很多知名網際網路公司的優秀產品經理，所以他得到了很多同職級同事沒有的機會，拿到了很多高薪 offer，最終成功跳槽到了現在這家公司。

寫作讓更多人認識他、瞭解他的能力、知道了他的夢想，所以他根本不用寫履歷四處求職。試問，有哪家公司不願意主動邀請這樣的員工加入呢？所以，他不光選擇多了，他的能力還產生了溢價，這就是典型的「透過寫作提高單位時間售價」的案例。

第二個案例：透過寫作提高時間出售總量

我有個朋友叫小馬宋，他最早是透過寫文案走紅的，現在開了一家行銷諮詢公司，也是「得到」App的戰略行銷顧問。很明顯，不管是做文案還是做諮詢，其採取的都是「同一份時間出售一次」的商業模式。

小馬宋是如何賺到更多錢的？他有自己的公眾號，不管做什麼工作，他一直堅持在公眾號上寫文章，這大大地提高了他的行業地位和影響力。

二〇一八年一月一日，小馬宋在二〇一七年總結中說道：「二〇一七年，我們公司的業務其實是個人顧問的模式，主要透過出賣我的個人時間獲得收益。與甲方簽服務合約的時候，往往很困難，因為個人顧問沒有任何實質的KPI，可以做任何事情，也可以什麼事都不做。在這種情況下，甲方的信任就很重要，否則服務合約形同虛設。

所以我們的簽約客戶往往是對我個人有所瞭解，往往對我過去做的事也有所瞭解，才會答應簽這樣的合約。這種基於雙方信任的服務形式，如果沒有網際網路，取得客戶的難度之高，可以想像。我的第一個客戶，也就是羅輯思維，也是透過網際網路所發生的連結。」

寫作提高了小馬宋的知名度，一方面他把自己的顧問服務售價提高了，另一方面，他也能很容易地簽到更多的優質客戶。也就是說，寫作既提高了單位時間售價，又提高了時間出售總量。

二、透過寫作，你可以把自己的技能和時間同時重複出售

一個人想要實現財富自由，就要盡可能讓自己有「睡後收入」，這就是第二種商業模式，同一份時間出售多次。

二〇一五年八月，我進入新媒體行業開始做打雜小編，月薪五千元；後來我成為公眾號營運高手，月薪兩萬元。

二〇一六年的時候，我整天都在想，要怎麼樣才能一個月賺五萬元？如果我繼續做營運公眾號的工作，就很難實現這個目標，但如果不繼續做，我該怎麼辦？

有一天我恍然大悟，心想：「既然我的公眾號營運能力這麼值錢，我為何只有自己用，而不把它出售給別人呢？這樣一下子就可以增加數倍收入啊！」

如何出售這種技能呢？技能其實是無形的，所以你要把它包裝成有形的產品，而寫作就是一種能把能力、技能包裝成內容產品的方法。

從二〇一六年十月開始，我花了將近七個月的時間，把我所有的營運技能都包裝成一節、一節的課程，一共寫了九十節，並將它們做成音頻課程，賣了近三萬份。

從這一次的經歷中我明白了，原來一個人的能力不僅可以自己使用，還可以包裝成內容產品出售給其他人，而且可以一次包裝，重複出售，讓你的能力和時間都實現重複

出售。

注意，不管你從是哪一個行業，只要你會寫作，都可以實現能力和時間的重複出售。比如文案、營運、設計、攝影、炒菜、減肥、穿搭、唱歌、發音、彈奏吉他等等，對於這些能力，你都可以透過寫作把學習方法、練習方式、實踐經驗、知識儲備包裝成內容產品。

這種內容產品的形式不一定都是幾十節的課程，可以是十節以內的小型課程，也可以是一次的微信群分享、一次兩小時的直播，也可以是一篇篇內容豐富的文章，如果你的內容做得足夠好，你甚至可以出書。

總之，內容產品的形式不限，只要你包裝成功，都可以透過很多形式分享和出售，這也是當下市場最普遍的賺錢方式，而且成本極低，即沒風險。

三、透過寫作，你可以購買他人的時間再出售

寫作是做什麼用的？寫作是製造內容。

內容是什麼？內容是一種時間解決方案。

時間解決方案又分為兩種：一種是為用戶省時間，另一種是幫用戶打發時間。

如果你在很多方面有認知、有知識、有經驗，那麼你可以寫知識性的內容、寫課程、寫書，這樣，用戶就可以更高效地透過你的內容獲取知識和技能。

如果你是個很有趣、有故事的人，那麼你可以寫心靈雞湯文、有趣的故事，這樣，用戶就可以透過你的內容打發閒暇時間。

你注意到了沒？不管你寫什麼，你都透過內容購買了用戶一部分的時間和注意力，也就是說，你透過內容吸引了流量。流量是一切商業的基礎設施，流量可以帶來金錢，你可以用各種各樣的手段把這些流量變現，這是非常高級的賺錢方式。

如果你會寫作，你可以透過自己的作品獲取他人的時間，比如很多人都看過《烏合之眾：大眾心理研究》這本書，對這本書也有很好的理解，但是如果他們不會寫作，那這些理解就只有他們自己心裡知道，這本書並沒有帶給他們額外的價值。

我看了這本書，學到很多知識，也升級了我的認知。我不光是自己成長了，我還把我的理解包裝成內容產品，即一篇文章——〈疫情災難下：請保持理性，不要再加入烏合之眾的狂歡〉。這篇文章瀏覽量將近一千五百萬，替我帶來十七萬公眾號讀者，這就是**寫作的力量，它可以把你的能力、認知、思想包裝成內容產品，透過社群媒體傳播給成千上萬的人看，實現利他、利己、雙贏**。

所以，不管你做什麼工作、擁有什麼技能，你都可以透過寫作同時擁有、同時最佳化你的三種人生商業模式，在短時間內大幅度提高你的賺錢能力。

把個人能力包裝成內容產品，實現快速成長

成長即財富，你賺的所有錢都是成長的變現。如果你能持續成長，那麼你的賺錢能力必然會持續增強，除了上面的直接賺錢方式，我們還可以透過寫作讓自己快速成長。

一、寫作是倒推成長的絕佳方法

我有一個成長社群，我一直鼓勵大家在我的社群裡持續寫作，我自己每週一到週五都會寫一篇一千字左右的短文分享給社群成員。

為什麼？因為寫作是倒推成長的絕佳方法。

每週一到週五，我在日更時經常面臨「今天不知道要分享什麼」的情況，很多社群成員都有同樣的體驗。這個問題的本質是什麼？

如果你今天沒有學習、沒有成長，沒有對一件事進行深入思考，你就不知道分享什麼，不是嗎？

如果你每天都有事物得以分享，而且分享出來後大家還幫你按讚、參與討論，說明今天的你比昨天的你又更進步了，不是嗎？

因此，一天下來，你有沒有東西可以分享、分享的內容好不好，正是檢視你今天有沒有進步、有沒有成長的一個重要標準。

今天如果偷懶了，沒有學習、沒有思考，就沒得分享，但是我又堅持想要每天分享，所以我不得不趕緊抽出一個小時進行學習，或者針對某一件事情深入思考一番，這不就是透過分享倒推自己進步嗎？如果沒有這樣的要求，我可能當天就放過自己了。

用輸出倒推輸入，寫作絕對是你逼著自己每天成長、每天思考的重要手段。

二、寫作是學習效果的放大器

其實我一年的讀書量並不多，跟朋友圈裡那些曬自己一年讀一百本書的人相比，我的讀書量更是少得可憐。我一年大概讀三十本左右的書，但這不妨礙我每年實現爆發式的個人成長，為什麼呢？因為我吸收能力強。

之前，我跟朋友同時讀一本關於品牌行銷的書，兩人幾乎在同一時間讀完。有一天我們一起聊讀後感，聊品牌打法、企業定位等。

他非常驚訝地問：「我們讀的是同一本書嗎？為什麼你讀完之後，收穫如此之大，而我不僅沒有你理解得深，還有很多東西讀過就忘？」

我說：「因為你讀只是單純地去讀，而我每讀一部分都會寫五百字以上的心得分享發到社群裡給大家看，和大家討論，所以我學習、吸收知識的效率可能是你的五倍甚至十倍。」

在寫作過程中你會發現，很多原以為自己已經想清楚的東西其實並沒有想清楚，如果想得不夠透澈，就寫得不夠清楚。當你覺得自己寫得很清楚了，分享出來卻發現大家看不懂的時候，你就會知道你還有待提升。所以，寫作這種輸出式學習方式會逼著你深度思考、吸收、處理、輸出知識，可以大大提升你的學習效果。

三、寫作是個人能力的放大器

你有一項技能和別人知不知道你有這項技能完全是兩回事，最理想的狀態是什麼？是你有一項技能，同時很多人也都知道你有這項技能。比如A和B同樣擁有很厲害的技能，但知道A的有一萬人，知道B的有十萬人，兩人雖然能力一樣，但他們得到的機會、資源、收入，註定便會不同。

寫作就是這樣的一個工具，它是你個人能力的放大器。在社交媒體時代，你擁有寫作能力，就相當於你在網路上幫自己安裝了一個喇叭，你可以時不時地發表意見與亮相，讓更多人注意到你，認可你、欣賞你，最終取得更多的資源。

我創業後面試進來的兩名員工都是社群裡的成員，這兩個人自從加入社群後，堅持每天寫一篇分享文章，時間久了，他們的能力被所有人看到並且認可，這就是寫作與分享的價值。

在這個時代，個人品牌很重要。如何打造個人品牌？簡單來講就是，「**技能定位＋持續曝光**」，兩者缺一不可。要持續曝光，就要借助你的寫作能力。

取得資源也有兩種方式：一種是你主動聯繫，另一種則是被動聯繫，即讓別人來主動聯繫你，而寫作就是利用高效被動聯繫的絕佳手段。

另外，從能力的多維度競爭來看，越是不仰賴寫作為生的人，越需要提升自己的寫作能力。不信你組合一下看看：

- 一個厲害的程式設計師＋會寫作一個銷售達人＋會寫作

- 一個優秀設計師＋會寫作
- 一個產品營運＋會寫作
- 一個創業者＋會寫作
- 一個投資經理＋會寫作

每一種身分與寫作能力相加，都能產生「很有想像力」的火花，這就是寫作的魅力所在。

四、寫作是抗壓性最強的技能

如果除了本職工作技能，你只能再選一項技能學習，那我建議你學習寫作，因為它是抗壓性最強的技能。

怎麼說寫作技能是抗壓性最強的技能？

1. 寫作技能是一項基礎技能，也是一項通用技能，我一直宣導「寫作＋」，是因為它可以為所有技能賦能。
2. 寫作技能是一項高保值性的技能，無論這個世界變成什麼樣子，科技如何發展，各行各業如何變遷，寫作這項技能都不會貶值，它只會越來越貴。

寫作不靠天賦，人人都可以掌握這項技能

最後，講兩個關於寫作的誤區。

誤區一：寫作要靠天賦和靈感

很多人都認為寫作很難，認為只有文采好、天賦高的人才能寫好文章。現在新媒體公司的寫手編輯還有另一個職稱，叫內容產品經理。因為寫文章就是打造產品，打造產品有兩個非常重要的特點——品質穩定、持續提供。

靈感顯然是瞬間迸發的偶然產物，靈感迸發既不穩定，又無法持續。我們所說的公開寫作，並不等同於文學創作。如果你寫散文、詩歌、小說、劇本，那麼對你來說，意境、創意、靈感等都是非常重要的，但是對於我們在新媒體時代談論的公開寫作，最重要的則是產品能力。

產品能力當然不靠靈感，靠的是系統能力和方法論。寫作是對輸入處理後的思考，你要構築一個穩定的寫作系統，包括穩定的認知系統、穩定的處理系統、穩定的輸出系統、穩定的回饋系統，同時你還要掌握系統的寫作方法論、選題方法論、標題方法論、

素材方法論、框架方法論等等。

我是個方法論愛好者，我堅信，掌握這個世界上絕大多數的技能都需要一套方法論，有了方法論，我們就會掌握得更快。我也一直堅信，有些事是註定要發生的，如果你持續按照正確的方法去訓練，你一定可以穩定提升任何技能，寫作當然不例外。

二〇一五年，我入職創業邦。當時公司的新媒體小組中沒人能寫出10W+文章，我持續研究近三個月的方法論後，寫出了第一篇10W+文章。之後在我的帶領下，我們整個新媒體小組六人，人人都可以寫10W+的文章，這是絕對真實的經歷。

二〇一七年十一月，我接手做插座學院的公眾號，當時公眾號文章瀏覽量只有兩、三萬，我繼續用我的方法論開始在這個公眾號上寫作，寫出了多篇10W+文章，被幾百個大號分享。後來我開了十二天實體課程，很多學員學完之後直接入職插座學院，寫出了很多10W+文章。

誤區二：多寫多練自然能寫好

中國人非常認同「勤能補拙」這個價值觀。小時候，我們也被老師教導說，只要多寫多練，自然就能寫好，但這是個誤區，就如同現在流行的一萬小時定律。

一萬小時定律指出，在任何領域，一個人經過一萬小時的錘鍊，就能從平凡人變成大師。以每天工作八小時、一週工作五天計算，你只要持續努力五年，就能成為這個領域的大師。

但很明顯地，開車超過五年的計程車司機沒有成為賽車手，很多工作超過五年的記者與編輯並沒有成為寫作高手。所以，一萬小時定律有著巨大的缺陷，長時間寫作、練習，並不一定能讓你越寫越好，反而有可能把你寫「廢」，讓你的寫作熱情消耗殆盡。

既然勤都能補拙，那你為什麼不直接用聰明補拙？什麼是聰明？我經常思考這個概念。在我看來，聰明就是相信方法論，堅信任何事都可以透過更好的方法論去最佳化。

除了極少數天賦型選手，我見過的所有寫作高手都是方法論愛好者，他們寫的每一篇稿子都是刻意練習的結果。在這個世界上，得到大多數美好事物的過程都是不自然的，都是刻意為之的，所以別指望多寫多練就能寫好。

網路教學平臺混沌大學創辦人李善友教授說過，專業選手和業餘選手之間的本質差異並不在於掌握技能的熟練程度，而在於是否掌握了方法論。

寫作能力＝正確的寫作方法論×每一篇的刻意練習×練習次數

如果你不去學習正確的方法論，只是一味地多寫多練，三、五年後你可能依舊寫不好，而掌握了方法論後，你在提升寫作能力方面必然是事半功倍的。

一個人用正確的方法論持續訓練一年，基本上能超過百分之八十的人。如果你的目的並不是靠寫作為生、找與寫作相關的工作，而只是為了提高自己的溝通、表達、展示、思考能力，你甚至不用訓練到一年那麼久。

如果你想學寫作，可以去聽「粥左羅教你從零開始學寫作（50講）」或者參加「粥左羅二十一天寫作訓練營」。我的寫作課是經過了三年市場驗證的，不論你是職業寫作者、新媒體人還是外行，不管你做什麼工作，這套方法論都可以讓你受益。

具有審美能力的人往往並不需要知道原理，但創造美的人一定要有方法論，這樣才能持續穩定地創造。寫作就是如此，希望大家都能用正確的方法高效提升自己的寫作技能，從此一生受益於寫作。

寫作技能具有極強的時間累積性。對於這樣的軟性技能，你越早開始累積越好。一旦技能形成，別人就無法在短時間內超過你。時間就是壁壘，你要盡快開始寫作，享受時間的複利。

思考

升級思維的目的是改變行動。

你可以思考一下，寫作對你來說有哪些具體價值？

你準備如何提升寫作能力？

第五節——實戰思維：人生所有美好的結果，都不會自然發生

這是本書的最後一節。如果你從第一節開始認真學習到現在，一定有很多收穫。恭喜你，你完成了一場關於成長的認知升級。但是，不要高興得太早，如果學習之後沒有付諸行動，一切都是紙上談兵，所以本節主要講實戰思維。

刻意學習大量理論，可能讓你一年的成長頂十年

有讀者看到這裡，可能有些沮喪，心想：「理論還是要靠實踐來學習啊，那學習理論有什麼用？」如果你這樣認為，說明你確實需要進行認知升級。

我是在疫情期間在家裡完成這本書的，期間剛好聽過一個相關案例。

有個做人力資源管理的朋友發狀態說，原來「我不懂，我從來沒做過」可以說得這麼理直氣壯。

有個女孩之前在外貿行業工作，受到疫情影響，打算轉行做網際網路相關的工作。他投履歷要應聘市場推廣的職位，履歷寫得不錯，各方面條件看起來也很優秀，但我那個朋友在打電話面試，問到市場推廣的相關問題時，女孩什麼都回答不出來，他只對外貿行業熟悉，在被問到其他領域的問題時，他都會說：「我不懂，我從來沒做過。」

這個女孩一定是成長得相當緩慢的人，因為他的知識累積和認知升級基本上只依靠工作實踐。其實很多人都是這樣的，除了工作，他們很少有其他刻意學習的經歷，所以只能從工作實踐中得到知識和認知，這就導致他們成長得特別慢。他們能做的事很有限，而透過做差不多的事累積的經驗又很相似，這就導致他們的經驗有限，成長自然就會很緩慢。

如何能夠更快地成長呢？如何以十倍的速度成長呢？方法是：不只依賴實踐經驗，還要刻意學習理論，而這種方法的依據是，你不一定非得親身經歷才能學到東西。

九〇後李叫獸曾在混沌研習社講過一門課，叫「破解消費者需求密碼」，影片點閱數達一百二十萬人次，非常受歡迎，這門課讓很多在4A[33]廣告公司工作十多年的老員工深受啟發。

一個九〇後的年輕人，沒有那麼多經歷和經驗，怎麼能講得讓很多在專業領域工作十多年的老員工都覺得有啟發呢？

作家成甲特地問過李叫獸這個問題，他的回答很簡單，他說：「其實沒什麼，只不過我相信和重視理論的力量。過去幾年，我把行銷中與需求部分相關的重要教材中，取出重要理論反覆研究、思考，從而形成一套自己的洞察。」

這個答案聽起來簡單，但做起來卻很難，因為很多在專業領域從業十多年的人，其成長可能更多得益於自己的工作經驗，極少數人會像李叫獸這樣刻意學習、反覆研究理論。

李叫獸的經歷向我們說明，科學理論並不比實踐經驗差，而且有可能比實踐經驗更加可靠，因為科學理論是目前為止人類發現相對可靠、有共識的知識，而由實踐經驗形成的知識往往充滿了隨機性，沒有像科學理論那樣經過大量的驗證。

33 4A：美國廣告代理商協會的縮寫，進入該協會的國際廣告公司皆統稱4A公司。

所以，理論學習是重要的，讀書、聽課學習是必要的。**想要成長得更快，就不能只靠實踐累積經驗，還要刻意學習大量理論。**

升級認知的目的是改變行動，認知永遠無法替代行動

學習理論的目的是升級認知，升級認知的目的是改變行動。所以，升級認知非常重要，但無法替代行動。

我幫很多人上過課，很多學員每天會看大量的實用性質文章，會聽很多線上課程、實體課程，每次聽完心裡都無比激動：「講得太好了！說得太對了！我都明白了！」

為什麼許多人回到現實後並沒有什麼進步？為什麼許多人孜孜矻矻學了一年，能力也沒什麼提升？因為很多人長期沉浸在學習的喜悅中不能自拔，忘了持久而踏實地行動。

這兩年，「刷新認知」這個詞非常流行，因為「刷新認知」很容易讓人產生快感，讓人覺得自己每天都在變聰明，這種看法不一定客觀。我一直提醒自己：**少用自己學到**

了什麼來安慰自己，多用真實的結果來驗證自己。

比如對於學寫作，聽寫作課非常重要，不聽的話你可能會沒有科學的訓練方法，但聽完之後的行動同樣重要。幫文章下標題有五個技巧、寫故事有三種結構，學會這些內容很容易，只要你智商正常。關鍵是，你能不能拿那五個標題技巧拆解一百個標題；你能不能在下每一個標題的時候，反反覆覆地想怎麼用到這五個技巧；你能不能拿那三種故事結構不斷去拆解故事、仿寫故事。

如果你能長期做到「**刷新認知＋持續行動＋持續反思**」，你一定會成為你所在的領域的高手。因此，在二〇一九年做寫作訓練營時，每一期我們都會帶著學員每日練習，由此獲得了相當好的口碑。

學習任何知識都是這樣：不實踐無法出真知。

聽了那麼多寫作課，你有沒有寫過十萬字？

學了那麼多公眾號營運方法，你有沒有自己註冊過一個？

看了那麼多吉他教學影片，你有沒有練過一百小時？

在知乎上學了那麼多自行公路車知識，你有沒有一次騎過一百公里？

「穿透過你身體」的知識，才是可以為你所用、真正對你有價值的知識。

什麼叫「知識穿透身體」？**就是你汲取知識於萬物，處理知識於大腦，再應用知識於萬物**，知識從你身上走了一遍。

任何行業的頂尖高手都是這樣學習的，比如二〇一九年上映的3D奇幻電影《哪吒之魔童降世》導演餃子在讀大三的時候放棄醫學，入行電腦動畫（CG），自學3D動畫軟體Maya，學習Maya六個月，差不多把Maya的幾大模組囫圇吞棗地學了一遍之後，他趁著大四寒假做了一個短片，藉此把零星的知識應用於實踐，做個統整。

人生所有美好的結果，都不會自然發生

我在前言中提到我有一個做滑板文化品牌的朋友。他的工作室之所以經營了好幾年卻沒有多大起色，是因為他沒有去刻意改善經營能力，以為只要一直做下去，就能在未來的某一天讓品牌突然變得優秀起來。

藉由他的經歷，我想再次強調這句話：「人生所有美好的結果，都不是自然而然發生的，而是靠你刻意做出來的。」升級認知並不難，實踐認知很難，這就是為什麼評論

家看起來比行動家更聰明。

作為一個公司老闆，我常常會和身邊人聊天。即便是一個剛入行的編輯，也能跟我大談特談。有的編輯會說，條漫現在很受歡迎，短影片是未來，5G時代要來了等等，要趕緊布局。

其實我心裡明白，大家心裡也明白，同行也都明白，但為什麼真正開始布局的人很少？因為現實是，徵個可靠的內容編輯可能得花兩個月，培養得再花兩個月。

為什麼實踐總是這麼難？因為實踐面對的是現實世界，現實永遠是最複雜的。

假設優秀的新媒體編輯占整個行業從業者的百分之二十，看起來要找到一個並不難，是嗎？其實不是。

寫作方向太多，包括娛樂、財經、電影、金融、政治、育兒等方向，繼續往下細分，寫作方向是「個人成長領域」的優秀編輯一下子又變得更少了，可能只有那百分之二十裡的百分之十，這樣一算是百分之二；其中寫作風格為內容豐富、調性跟我們一致的，可能又只是其中的百分之十，這樣一算是千分之二，少得可憐吧？這還沒完，這些人並不是都在北京啊，而是分布在全國各地，在北京的可能又只是其中的百分之十，這樣一算是萬分之二。

對於很多事情，大家都能說得頭頭是道，但真的去做就變得很難了。

我創業一開始是做自媒體，現在是在做公司。在這個過程中，不斷有人指導我，有人說「你還是得多寫一些原創文章」，有人說「你得多找人、創立團隊」，有人說「你要多方拓展業務」，有人說「你要提前布局」……這幾個方面的工作我必然都會做，但是一旦將精力分成好幾塊，你就會發現，無論哪一塊，都有人覺得你做得不夠好，誰都能指出你的問題，站在他們的位置上看，你就好像是個傻子。

行動家做的事越多，評論家越容易發現行動家的不足。做事越多，暴露的問題越多，這就是行動家的命。我如果只在公眾號上寫文章，大家可能都會說我寫得好，不會評價其他面向，因為我沒做別的事情。

看別人做事情，指指點點、提提建議太容易了，因為認知到位並不難，而做到位是最難的。但是，**人生所有的美好結果都需要你行動，需要你做到位**。

所以，希望大家能行動起來，這本書我已經盡可能寫得易於實踐。

篩選思維、賽點思維、戰略思維、借勢思維、原動力思維、成本思維、利他思維、多維思維、專注思維、變數思維、真實思維、結果思維、激勵思維、複利思維、環境思維、疊代思維、動態思維、長期思維、週期思維、投資思維、市場思維、品牌思維、作品思維、寫作思維、實戰思維……基本上在寫每一節的內容時，我都會反覆結合現實。

我做課程做了好幾年，發現很多老師的課程內容很「高大上」，但是不親民、實用，因為他們不知道怎麼將知識應用於現實中，而且很多知識並不符合實際情況。

我是普通人出身，從草根走到現在，所以我做課講究實戰，我講的每一節課內容基本上都可以實踐、落實。希望大家可以去逐一實踐，升級完認知後，用行動讓自己的人生真正變美好。

波茲曼在《娛樂至死：追求表象、歡笑和激情的媒體時代》一書中指出：「不管是在口頭文化還是在印刷術文化中，資訊的重要性都在於它可能促成某種行動。」且說，「人們瞭解的資訊具有影響行動的價值。」

我寫作本書的意義也如此。它的價值將最終體現在，升級了你的認知，改變了你的行為，推動了你的行動。

祝你每日精進，祝你成長為自己想要的樣子。

高寶書版集團
gobooks.com.tw

新視野 New Window 228

實現爆發式成長：
關鍵時刻做出正確抉擇的邏輯思考術，學校、科系、工作、伴侶都適用，讓你一生無敵！

作　　者　粥左羅
責任編輯　高如玫
封面設計　謝佳穎
排　　版　賴姵均
企　　劃　何嘉雯

發 行 人　朱凱蕾
出　　版　英屬維京群島商高寶國際有限公司台灣分公司
　　　　　Global Group Holdings, Ltd.
地　　址　台北市內湖區洲子街 88 號 3 樓
網　　址　gobooks.com.tw
電　　話　(02) 27992788
電　　郵　readers@gobooks.com.tw（讀者服務部）
傳　　真　出版部　(02) 27990909　行銷部 (02) 27993088
郵政劃撥　19394552
戶　　名　英屬維京群島商高寶國際有限公司台灣分公司
發　　行　英屬維京群島商高寶國際有限公司台灣分公司
初版日期　2021 年 8 月

國家圖書館出版品預行編目（CIP）資料

實現爆發式成長：關鍵時刻做出正確抉擇的邏輯思考術，學校、科系、工作、伴侶都適用，讓你一生無敵！/ 粥左羅著 . -- 初版 . -- 臺北市：高寶國際出版；高寶國際發行 , 2021.07

面；　公分 . -- (新視野 228)

ISBN 978-986-506-131-9 (平裝)

1. 成功法 2. 自我實現 3. 生活指導

177.2　　110007051